DEN ULTIMATIV EGYPTISKE GADE MAD 2024

Udforsk det rige gobelin af egyptiske smage gennem 100 lækre opskrifter

Valdemar Hansson

Copyright materiale ©2024

Alle rettigheder forbeholdes

Ingen del af denne bog må bruges eller transmitteres i nogen form eller på nogen måde uden korrekt skriftligt samtykke fra udgiveren og copyright-indehaveren, bortset fra korte citater brugt i en anmeldelse. Denne bog bør ikke betragtes som en erstatning for medicinsk, juridisk eller anden professionel rådgivning.

INDHOLDSFORTEGNELSE

INDHOLDSFORTEGNELSE 3
INTRODUKTION 6
MORGENMAD 7
    1. C**REMET HVEDEBÆRKORN** [B**ILEELA**] 8
    2. Æ**G MED TOMATER OG FETAOST** [B**EID BIL** G**EBNA WA** T**OMATUM**] 10
    3. Y**OGHURT MED HONNING** [Z**ABADI BIL** '**ASAL**] 12
    4. S**ØDE NØDDEFYLDTE PANDEKAGER** [A**TAYEF**] 14
    5. F**ARVEDE ÆG** [B**AID** M**IL**'**ON**] 17
    6. B**ALILA** [K**IKÆRTER MORGENMADSSKÅL**] 19
BRØD 21
    7. T**RADITIONELT** Q**URBAN BRØD** [A**ISH** Q**URBAN**] 22
    8. H**VIDT PITABRØD** [A**ISH** S**HAMMI**] 24
    9. B**EDUINBRØD** [A**ISH** B**EDAWI**] 26
    10. E**GYPTISK FULDKORNS PITABRØD** [A**ISH** B**ALADI**] 28
    11. N**UBISK BRØD** [A**ISH** N**UBI** / M**ALTOUD**] 30
    12. E**ISH** B**ALADI** [**EGYPTISK FLADBRØD**] 32
FORRETTER 34
    13. O**KSEKØDFYLDTE BRØDTREKANTER** [S**AMBUSAK BIL** L**AHMA**] 35
    14. T**AAMEYA** [**EGYPTISK FALAFEL**] 37
    15. H**AWAWSHI** [Æ**GYPTISK KØDFYLDT PITA**] 39
    16. S**ØDE FRITTER TOPPET MED SIRUP** [L**OMUT AL** A**DI**] 41
    17. E**GYPTISK** F**AVA** F**ALAFEL** [T'**AMAYA**] 44
    18. R**ØDE LINSEKROKETTER** [K**OFTAT** A**DS** A**HMAR**] 47
    19. K**ØD OG BULGUR HVEDE FINGRE** [K**IBBEEBA**] 49
    20. S**ØDE FRITTER MED CITRONSIRUP** [B**ALAHE** S**HAM**] 52
    21. B**LANDET NØDDEPLADE** [T**ABAA** M'**KASSARAT**] 55
    22. F**AVA BØNNEPURÉ** [F**UUL** M**EDAMMES**] 57
    23. P**HYLLO TREKANTER FYLDT MED LAM** [S**AMBUSAK BIL** L**AHMA** D**ANI**] 59
    24. V**ELSMAGENDE FILO-KAGER MED KØD** [G**OULASCH BI** L**AHMA**] 61
    25. A**UBERGINEPURÉ** [B**ABA** G**HANOUG**] 63
    26. M**ACEREREDE DADLER MED ABRIKOSER OG ROSINER** [K**HOSHAF**] 65
    27. L**UPIN BØNNER** [T**ERMIS**] 67
    28. P**HYLLO TREKANTER MED OST** [S**AMBOUSIK BIL** G**EBNA**] 69
    29. D**IVERSE TALLERKEN MED FRISK FRUGT** [T**ABAA** F**AKHA** T**AZIG**] 71
    30. C**HICKEN** P**ITA** B**RØD** S**ANDWICHER** [S**HWARMA BIL** F**IRAKH**] 73
    31. B**RÆNDT FISK MED URTER OG TOMATER** [S**AMAK** F**EE AL** F**ORN BI** T**OMATUM**] 75
HOVEDRET 77
    32. K**ALKUN FYLDT MED RIS OG KØD** [D**EEQ** R**UMI** M**ESHI** M**A** R**OZ WA** L**AHMA**] ...78
    33. S**TEGT LAMMELÅR MED KARTOFLER** [F**AKHDA** M**ASHWIYA BIL** B**ATATAS**] 81
    34. F**ULD** M**EDAMES** [F**AVA** B**EANS** S**TEW**] 83
    35. K**OSHARI** [**EGYPTISK LINSE- OG RISRET**] 85

36. Kalvekød, ris og ristet brødgryde [Fattah bil Bitello] 87
37. Grillede friske sardiner [Sardine Mali] 89
38. Makaroni med kød og bechamelsauce [Macarona Bechamel] 91
39. Kylling & spinat Matzo-tærte med egyptisk varm sauce [Mayeena] 94
40. Ristede sardiner med rucola [Sardeen Fee al Forn bi Gargheer] 97
41. Kalve- og kartoffeltagin [Tagin Bitello wa Batatas] 99
42. Krydderi-infunderet lammeskank [Kawara Lahma Dani] 101
43. Linser, ris og pasta med krydret tomatsauce [Koushari] 103
44. Cirkassisk kylling [Shirkaseya] 106
45. Egyptisk ris med blandede grøntsager [Roz bil Khodar] 108
46. Beduin lammegryderet [Tagin Lahma Dani] 110
47. Ristet marineret kylling [Firakh Mashwi Fee al Forn] 112
48. Fried Nila Aborre [Samak Bulti Mali] 114

TILBEHØR 116
49. Artiskokker med dildsauce [Kharshuf bi Shabbat] 117
50. Fyldte vinblade [Wara' El Aghnib] 119
51. Egyptisk ris [Roz] 122
52. Stegte auberginer med hvidløgsdressing [Bittingan Ma'li bil Toum] 124
53. Stuvet okra og tomater [Bamya Matbukh] 126

SALATER 128
54. Citrus grønne bønnesalat [Fasoula bi Limoon] 129
55. Kikærte-, tomat- og tahini-salat [Salata Hommus bil Tomatum wa Tahina] 131
56. Hyrdesalat [Salata bil Gebnit al Ma'iz] 133
57. Rucolasalat [Salata bil Gargeer] 135
58. Auberginesalat med granatæblemelasse [Salata Ruman bil Dabs Ruman] 137
59. Salat med druer og stegte fetakugler [Salata bil Aghnib wa Gebna Makleyah] 139
60. Blandet urte- og forårsløgsalat [Salata Khadra bil Bassal] 141

SUPPE 143
61. Pureret zucchinisuppe [Shorbat Koosa] 144
62. Jødens malvesuppe [Shorbat Maloukhiya] 146
63. Kikærtesuppe med Zataar-croutoner [Shurba bil Hommus] 148
64. Lammebouillon og Orzosuppe [Shorba bi Lissan al Asfoor] 150
65. Vermicelli, kød og tomatsuppe [Shorbat bil Sharleya, Lahma, wa Tomatum] ... 152

DESSERT 154
66. Date Dome Cookies [Ma'moul] 155
67. Date Haroset [Agwa] 158
68. Egyptisk pund kage [Torta] 160
69. Traditionelle Eid-kager [Kahk a L'Eid] 162
70. Aswan Date Cookies [Biskoweet bil Agwa min Aswan] 164
71. Honningfyldte Eid Cookies [Kahk bil Agameya] 167
72. Faraos Foie Gras [Kibdet Firakh] 170
73. Kirsebærtoppede semulekager [Biskoweet bil Smeed wa Kareez] 172
74. Cremet appelsinbudding [Mahallabayat Bortu'an] 174

75. Semuljekage med honningsirup [Basboosa] 176
76. Abrikospudding [Mahallibayat Amr al Din] 179
77. Roz Bel Laban [Risengrød] 181

KRYDER 183
78. Meshaltet [klaret smør og honningspread] 184
79. Dukkah [egyptisk nødde- og krydderiblanding] 186
80. Tahinisauce [Sesamfrøpastasauce] 188
81. Shatta [egyptisk varm sauce] 190
82. Bessara [Fava Bean Dip] 192
83. Hvidløgssauce [Toum] 194
84. Amba [syltet mangosauce] 196
85. Sumac krydderiblanding 198
86. Molokhia sauce 200
87. Za'atar krydderiblanding 202
88. Besara [urte- og bønnedip] 204
89. Tarator [Sesam- og hvidløgssauce] 206
90. Sesammelasse [Dibs og Tahini] 208

DRIKKE 210
91. Sort te med mynte [Shai bil Na'na] 211
92. Tamarindjuice [Assir Tamr Hindi] 213
93. Kommen te [Karwaya] 215
94. Beduin te [Shai Bedawi] 217
95. Egyptisk limonade [Assir Limoon] 219
96. Guava og kokoscocktail [Cocktail bil Gooafa, Manga, wa Jowz al Hind] 221
97. Hjemmelavet abrikosjuice[Assir Amr Din] 223
98. Varm kanel drik [Irfa] 225
99. Lakridsdrik [Ir'sus] 227
100. Hibiscus Punch [Karkade] 229

KONKLUSION 231

INTRODUKTION

Tag på en kulinarisk udforskning af Egyptens travle gader med "DEN ULTIMATIV EGYPTISKE GADE MAD 2024", en samling, der inviterer dig til at nyde det rige gobelin af smag, der definerer dette pulserende lands streetfood-scene. Denne kogebog er en fejring af det mangfoldige og lækre udvalg af retter, der findes på de travle markeder og travle gader i Egypten. Med 100 omhyggeligt kuraterede opskrifter kan du slutte dig til os, mens vi rejser gennem de krydderier, aromaer og smage, der gør egyptisk streetfood til en kulinarisk skat.

Forestil dig de pulserende markeder fyldt med duften af grillet kød, de rytmiske lyde af sælgere, der råber op om deres tilbud, og de farverige udstillinger af krydderier og urter. "DEN ULTIMATIV EGYPTISKE GADE MAD 2024" er ikke bare en kogebog; det er en invitation til at udforske det egyptiske gadekøkkens ægthed og sjæl. Uanset om du trænger til varmen fra koshari, syden fra ta'ameya eller sødmen fra basbousa, er disse opskrifter lavet til at transportere dig til hjertet af Egyptens kulinariske gadeliv.

Fra ikoniske klassikere til skjulte perler, hver opskrift er en fejring af den mangfoldighed og innovation, der findes i egyptisk streetfood. Uanset om du er en erfaren kok, der søger at genskabe gadeoplevelsen eller en eventyrlysten hjemmekok, der er ivrig efter at udforske nye smagsvarianter, er disse opskrifter designet til at bringe den livlige ånd af egyptisk streetfood til dit køkken.

Slut dig til os, når vi dykker ned i det rige gobelin af egyptiske smagsvarianter, hvor hver ret fortæller en historie om tradition, fællesskab og glæden ved fælles måltider. Så saml dine krydderier, omfavn aromaerne, og lad os tage på en lækker rejse gennem "DEN ULTIMATIV EGYPTISKE GADE MAD 2024."

MORGENMAD

1.Cremet hvedebærkorn [Bileela]

INGREDIENSER:
- 1 kop fuldkornsbær, skyllet
- ⅓ kop sukker eller honning, eller efter smag
- ½ kop varm mælk
- Håndfuld rosiner, hvis det ønskes

INSTRUKTIONER:
a) Aftenen før placeres fuldkornsbær i en stor termokande og dækkes med kogende vand. Næste morgen bliver hveden hævet og mør.
b) Rør sukker eller honning i hvede, hvis det ønskes, og fordel i 4 kornskåle.
c) Top med varm mælk og rosiner, hvis du bruger.

2. Æg med tomater og fetaost [Beid bil Gebna wa Tomatum]

INGREDIENSER:
- 1 tsk uddrivningspresset majs- eller olivenolie
- 4 [¼-tommer tykke] skiver fetaost
- 4 æg
- 1 moden tomat i tern
- Salt efter smag
- Friskkværnet sort peber efter smag

INSTRUKTIONER:
a) Varm olivenolie op i en stor stegepande ved middel varme. Læg fetaskiver med et par centimeters mellemrum i gryden og lad koge i 2 minutter.
b) Knæk et æg over hver fetaskive og smag til med salt og peber. Drys tomatstykker over hvert æg og kog i cirka 10 minutter, indtil ægget er sat og osten er blød. Serveres varm.

3. Yoghurt med honning [Zabadi bil 'Asal]

INGREDIENSER:
- 4 kopper fuldfed græsk yoghurt af god kvalitet
- 4 teskefulde honning af god kvalitet

INSTRUKTIONER:
a) Del yoghurten i fire ramekins.
b) Top hver med 1 tsk honning og server.

4. Søde nøddefyldte pandekager [Atayef]

INGREDIENSER:
PANDEKAGEDEJ:
- 1½ tsk aktiv tørgær
- 1½ tsk sukker
- 2 kopper ubleget, universalmel
- ⅛ teskefuld salt

SIRUP:
- 1 kop sukker
- Saft af ½ citron
- 3 strimler citronskal
- ½ tsk appelsinblomstvand
- ½ tsk rosenvand

FYLDNING:
- ¼ kop blancherede mandler, malede
- ¼ kop valnødder, malet rapsolie, til stegning

INSTRUKTIONER:
a) For at lave dej: Bland gær med sukker og ¼ kop varmt vand. Rør til det er opløst. Sigt mel og salt i en stor røreskål. Lav en brønd i midten. Hæld gærblanding og 1¼ kopper varmt vand i. Pisk blandingen indtil en jævn dej er dannet. Dæk skålen med plastfolie og køkkenruller og stil den på et varmt, trækfrit sted. Lad hæve i 1 time. Dejen er klar, når den er boblende.

b) I mellemtiden tilberedes siruppen: Kom ¾ kop vand med sukker, citronsaft og citronskal i en mellemstor gryde. Rør og kog over medium-høj varme, omrør ofte indtil sukker er opløst. Bring blandingen i kog, stop med at røre, og sænk varmen til medium-lav. Lad det simre i 10 minutter. Fjern fra varmen og stil til side til afkøling. Når siruppen er afkølet, fjernes og kasseres citronskal. Rør appelsinblomstvand og rosenvand i.

c) Når dejen er klar, varmes 2 spsk rapsolie op i en stor stegepande. Brug en dej-dispenser eller en spiseske, hæld forsigtigt 1 spsk dej i olien og spred for at danne en 4-tommer rund pandekage. Fortsæt med noget af den resterende dej, lad være med at samle panden.

d) Når toppen af pandekager er fulde af huller, fjern dem med en spatel og læg dem på en bageplade beklædt med køkkenrulle med

den kogte side nedad. Når al dejen er brugt, begynder du at fylde pandekagerne.
e) Bland malede mandler og valnødder sammen. Hold en pandekage i din venstre hånd og fyld den med 1 tsk af nøddeblandingen på den ukogte side af pandekagen. Fold pandekagen på midten og tryk forsigtigt på spidsen af kanterne for at forsegle i form af en halvmåne. [Pas på ikke at lave en tyk kant rundt om kanten som ravioli, ellers vil det få atayef til at stege ujævnt.] Læg fyldte pandekager på en tallerken og fortsæt med at fylde og forsegle de resterende pandekager.
f) Opvarm 2 tommer olie i en stor stegepande. Når olien er varm, steges de fyldte pandekager i 2 minutter på hver side eller indtil de er gyldne. Fjern pandekagerne og læg dem på et fad beklædt med køkkenrulle. Mens de stadig er varme, læg pandekagerne på et serveringsfad og hæld sirup over toppen.
g) Lad den køle af nok til at håndtere og server varm.

5.Farvede æg [Baid Mil'on]

INGREDIENSER:
- 6 hvide æg
- Skind af 2 gule løg
- Skind af 3 rødløg

INSTRUKTIONER:
a) Læg 3 æg i en lille gryde, dæk med vand og tilsæt gule løgskind.
b) Læg de resterende 3 æg i en separat gryde, dæk med vand, og tilsæt rødløgsskind. Bring begge gryder i kog over høj varme, reducer varmen til lav, og lad det simre uden låg i 20 minutter.
c) Lad æg stå i vandet i 1 time; afdryp, lad køle af og server eller stil på køl.

6. Balila [Kikærter morgenmadsskål]

INGREDIENSER:
- 2 dåser [15 oz hver] kikærter, drænet og skyllet
- 2 fed hvidløg, hakket
- 1/4 kop olivenolie
- 1 tsk stødt spidskommen
- Salt og peber efter smag
- Frisk hakket persille til pynt
- Citronbåde til servering

INSTRUKTIONER:
a) Svits hakket hvidløg i olivenolie på en pande, indtil det dufter.
b) Tilsæt kikærter, spidskommen, salt og peber. Kog indtil det er gennemvarmet.
c) Pynt med hakket persille og server med citronbåde.

BRØD

7.Traditionelt Qurban brød [Aish Qurban]

INGREDIENSER:
- 2¼ teskefulde aktiv tørgær
- 1 tsk sukker
- Knivspids salt
- 3 kopper brødmel
- 1 spsk ekstra jomfru olivenolie

INSTRUKTIONER:

a) Beklæd 2 bageplader med bagepapir. Fortynd gær og sukker i ½ kop lunkent vand. Sigt salt og mel sammen og lav en brønd i midten. Tilsæt gær og yderligere ½ kop vand [eller nok til at lave en homogen dej].

b) Del dejen i 4 lige store dele og form til 4 [4½-tommer] runde flade brød. Læg 2 brød på hver pande, og lad dem stå et par centimeter fra hinanden for at give plads til at hæve. Dæk brødene til med et viskestykke og lad hæve på et lunt, trækfrit sted i 1 time.

c) Forvarm ovnen til 400 grader F. Når brødet er hævet, lav det ønskede design ovenpå med en skarp kniv, og pensl toppen med olivenolie. Bages i 20 minutter eller indtil lys gylden. Lad den køle lidt af, men server varm.

8.Hvidt pitabrød [Aish Shammi]

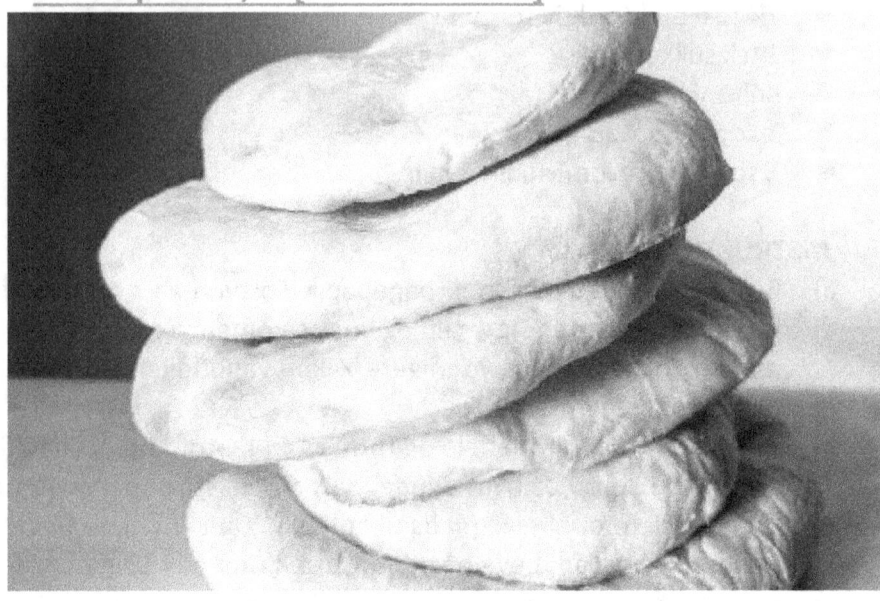

INGREDIENSER:
- 2 spsk aktiv tørgær
- 1 spsk salt
- 7 kopper ubleget, universalmel
- 2 spsk ekstra jomfru olivenolie

INSTRUKTIONER:
a) Hæld 2¼ kopper varmt vand i en stor skål. Tilsæt gær og rør til det er opløst. Tilsæt salt og tilsæt derefter melet gradvist til en dej. Vend ud på en let meldrysset arbejdsflade og ælt i 10 minutter, indtil glat og elastisk, eller kom i skålen med en el-mixer udstyret med en krog vedhæftning og ælt ved medium hastighed i 2 minutter. Hæld olie i en stor skål og læg dejen i skålen, vend til belægning. Dæk med et køkkenrulle og lad hæve indtil fordoblet i bulk, cirka 1½ til 2 timer.
b) Når dejen er hævet, slås den forsigtigt ned. Del dejen i 13 lige store portioner og form til kugler. Læg på en let meldrysset overflade og dæk med et tørt køkkenrulle. Lad hvile i 15 minutter.
c) Forvarm ovnen til 475 grader F. Placer bagesten eller pladen i den nederste del af ovnen. Rul hver dejkugle ud til en 6-tommer cirkel.
d) Læg 3 cirkler på en forvarmet bageplade og bag dem i cirka 12 minutter, indtil de er hævet op og begynder at få farve.
e) Undlad at åbne ovnen i de første 4 minutter af tilberedningen. Fjern med en metalspatel eller pizzaskræl og læg i en brødkurv eller på et serveringsfad. Gentag med de resterende dejcirkler, indtil det hele er kogt.
f) Læg ekstra pitabrød i plastikposer, forsegl tæt og frys, indtil de skal bruges.
g) Optø ved stuetemperatur og genopvarm under slagtekyllingen.

9. Beduinbrød [Aish Bedawi]

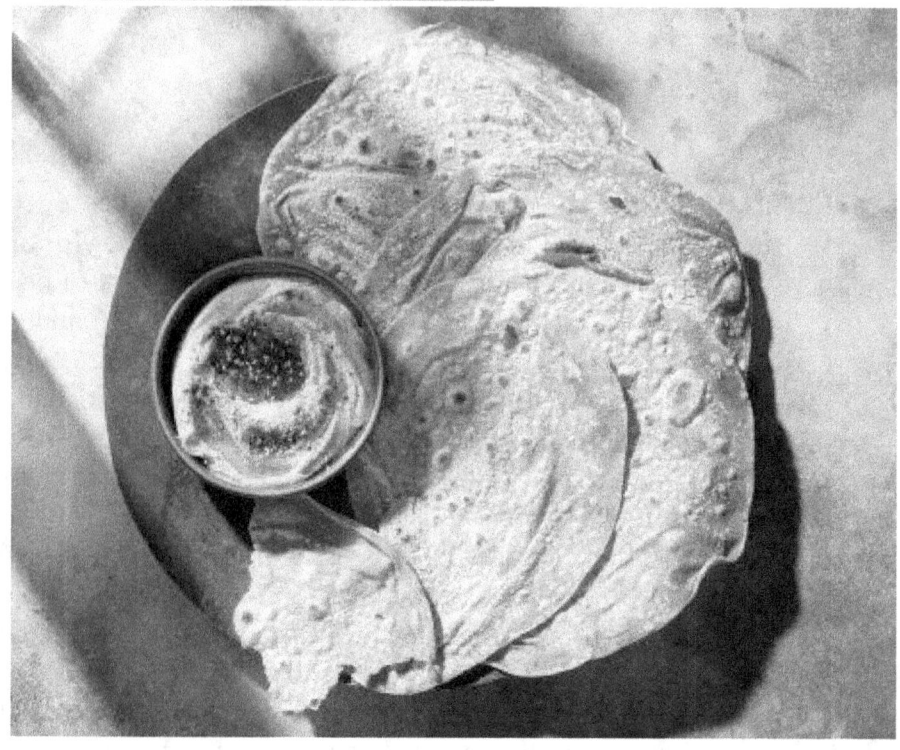

INGREDIENSER:
- 1 kop fuldkornsdejsmel
- 1 kop ubleget, universalmel, plus ekstra til afstøvning af arbejdsoverfladen
- Knivspids salt
- 5 spsk ekstra jomfru olivenolie eller anden madolie

INSTRUKTIONER:
a) Hæld fuldkornsdejsmel og universalmel i en stor røreskål. Rør salt i. Rør langsomt 1 kop lunkent vand i, eller nok til at lave en dej. Vend ud på en let meldrysset overflade og ælt dejen i 5 minutter, til den er glat og elastisk. Lad det hvile i 10 minutter.
b) Del dejen i 5 lige store dele. På en let meldrysset arbejdsflade rul med en let meldrysset kagerulle hvert stykke dej ud, indtil det er
c) størrelsen på en tallerken. Smid hver enkelt op i luften som en pizzabund og sæt dem på en let meldrysset overflade, indtil de skal steges.
d) Varm en spiseskefuld olivenolie op ved middel varme i en stegepande, der er stor nok til at rumme brødet. Tilføj en af dejcirklerne og steg i 4 til 5 minutter, indtil toppen af brødet er boblende og nedenunder er let gyldent. Vend forsigtigt og fortsæt med at lave mad i yderligere 4 til 5 minutter. Overfør til en middagstallerken. Varm endnu en spiseskefuld olivenolie op og fortsæt med at stege brødene, tilsæt en spiseskefuld olie mellem tilberedning af hvert brød, indtil de er færdige. Serveres varm. Pak eventuelle rester ind i plastfolie og frys.

10. Egyptisk fuldkorns pitabrød [Aish Baladi]

INGREDIENSER:
- 1 kop uforarbejdet klid
- ¾ kop ubleget universalmel
- ¾ kop fuldkornsdejsmel
- 2 tsk aktiv tørgær
- ½ tsk olivenolie, plus ekstra til olieskål
- ¾ kop lunkent vand
- ½ tsk havsalt eller kosher salt

INSTRUKTIONER:
a) Forvarm ovnen til 350 grader F. Placer klid på en bageplade og smuldr mellem fingrene for at gøre det finere. Bages i 5 til 10 minutter, eller indtil klidgranulatet er ristet. Tag ud af ovnen og sæt til side.
b) Bland universalmel, fuldkornsdejsmel, ½ kop ristet klid, gær, olivenolie, vand og salt i en stor skål eller en monteret på en stående røremaskine. Når ingredienserne er inkorporeret, æltes dejen i 20 minutter i hånden eller 3 minutter med en stående røremaskine ved hjælp af dejkrogen på medium hastighed. Læg dejen i en oliesmurt skål og lad den hvile i 45 minutter uden låg.
c) Drys en ren arbejdsflade og to store bageplader med den ekstra ½ kop klid. Form dejen til en jævn kugle med hænderne og skær den i 5 lige store stykker. Form hvert stykke til en flad 6-tommer cirkel med dine hænder eller rul ud med en kagerulle til at forme 5 runde pitabrød. Læg 2 eller 3 pitaer på hver bageplade og lad hvile i 30 minutter før bagning.
d) Forvarm slagtekyllingen i din ovn. Læg brødet under grillen og bag i 2 til 3 minutter på hver side, indtil det er hævet og gyldent. Serveres varm.
e) Læg ekstra brød i en plastikpose, mens det stadig er varmt, og luk for at forhindre, at det tørrer ud.

11. Nubisk brød [Aish Nubi / Maltoud]

INGREDIENSER:
- 2 tsk uddrivningspresset majsolie
- 6 kopper ubleget brødmel eller anden form for mel
- 2 tsk salt
- 1 spsk bagepulver
- 1 spsk aktiv tørgær

INSTRUKTIONER:
a) Smør en bageplade let med 1 tsk majsolie. Bland mel, salt og bagepulver i en stor skål. Bland gæren med ⅔ kop lunkent vand og rør, indtil den er opløst. Hæld i melblandingen og rør for at kombinere. Rør 1⅔ kopper vand i og bland til en fast dej. [Fugtighedsniveauet i dit hjem vil påvirke mel-til-vand-forholdet. Hvis dejen virker for tør, tilsæt mere vand, lidt ad gangen; hvis dejen virker for løs, tilsæt mere mel lidt ad gangen, indtil du får en fast dej.]
b) Støv let en arbejdsflade med mel og ælt dejen i 10 minutter, eller indtil den er glat og elastisk. Smør en stor skål med den resterende teskefuld olie, læg dejen indeni, og vend til belægning. Dæk til med let olieret klar plastfolie, et låg eller et køkkenrulle, og lad hæve et lunt, trækfrit sted i 1 time, eller indtil fordoblet i bulk.
c) Når dejen er hævet, vendes den ud på en let meldrysset arbejdsflade og formes til en 7-tommer bred cirkel. Brug din hånd, tag fat i toppen af dejen i midten af cirklen, træk lidt op og drej for at danne en 3-tommer knop oven på midten af dejen. Overfør til en bageplade og dæk med en omvendt skål. Lad hæve i endnu en time.
d) Forvarm ovnen til 425 grader F og bag brødet i cirka 35 til 40 minutter, eller indtil det er let gyldent og lyder hult, når du banker på det. Afkøl på en rist.

12.Eish Baladi [egyptisk fladbrød]

INGREDIENSER:
- 4 kopper fuldkornshvedemel
- 1 tsk salt
- 1 spsk olivenolie
- 1 1/2 dl varmt vand

INSTRUKTIONER:
a) I en stor skål blandes mel og salt.
b) Tilsæt olivenolie og tilsæt gradvist varmt vand, ælt indtil en jævn dej danner.
c) Del dejen i kugler og flad hver til en rund form.
d) Steg på en varm pande eller stegepande, indtil den er hævet og brunet.

FORRETTER

13. Oksekødfyldte brødtrekanter [Sambusak bil Lahma]

INGREDIENSER:
- 3 kopper ubleget universalmel, plus ekstra til afstøvning
- 1 spsk aktiv tørgær
- 1 tsk salt
- 4½ kopper uddrivningspresset majsolie
- 1 pund hakket oksekød
- 1 løg, pillet og skåret i tern
- 1 tsk stødt spidskommen

INSTRUKTIONER:

a) Kom melet i en stor skål. Bland gær og salt i. Tilsæt ½ kop majsolie og ½ kop lunkent vand og rør godt sammen. Fortsæt med at blande indtil blandingen danner en dej. Hvis blandingen virker for klistret, tilsæt mere mel, spiseske for spiseske. Hvis blandingen virker for tør, tilsæt mere vand, spiseske for spiseske. Når dejen er dannet, deles den i 8 lige store stykker. Stil på en let meldrysset arbejdsflade et varmt, trækfrit sted. Dæk med køkkenklude og lad hæve i en time.

b) Varm en stor stegepande op over medium varme. Tilsæt hakkebøf, løg og spidskommen; kog, rør af og til, indtil kødet er brunet. Fjern fra

c) varm op og lad køle af. [Dette kan gøres en dag i forvejen.]

d) Når dejen er hævet, fjernes køkkenklude. Støv let af en arbejdsflade og en kagerulle. Rul dejstykkerne ud i 4- til 5-tommers cirkler. Læg 2 spiseskefulde kødblanding i midten af hver runde. Fold dejen på midten for at dække kødet og tryk med en gaffel ned langs kanterne for at forsegle.

e) Opvarm de resterende 4 kopper majsolie i en stor stegepande. Steg sambusak i 3 til 5 minutter på hver side, eller indtil den er gylden. Fjern det fra olien med en hulske og kom over på et fad foret med køkkenrulle. Serveres varm.

14. Taameya [egyptisk falafel]

INGREDIENSER:
- 2 kopper tørrede favabønner eller kikærter, udblødt natten over
- 1 løg, hakket
- 3 fed hvidløg, hakket
- 1/4 kop frisk persille, hakket
- 1 tsk stødt spidskommen
- Salt og peber efter smag
- Vegetabilsk olie til stegning

INSTRUKTIONER:
a) Dræn og skyl de udblødte bønner, og blend derefter med løg, hvidløg, persille, spidskommen, salt og peber.
b) Form blandingen til små bøffer.
c) Varm olie op på en pande og steg frikadellerne til de er gyldenbrune.
d) Server i pitabrød med tahinisauce.

15.Hawawshi [ægyptisk kødfyldt pita]

INGREDIENSER:
- 1 lb hakkebøf eller lam
- 1 løg, finthakket
- 2 tomater, i tern
- 2 fed hvidløg, hakket
- 1 tsk stødt spidskommen
- Salt og peber efter smag
- Pita brød

INSTRUKTIONER:
a) Svits løg og hvidløg i en gryde, indtil de er bløde.
b) Tilsæt hakket kød og steg, indtil det er brunet.
c) Tilsæt tomater, spidskommen, salt og peber, og lad det simre, indtil blandingen tykner.
d) Fyld kødblandingen i halverede pitabrød og grill til de er sprøde.

16.Søde fritter toppet med sirup [Lomut al Adi]

INGREDIENSER:
SIRUP:
- ¾ kop sukker
- Saft af 1 citron

SØDE FRITTER:
- 1⅛ tsk aktiv tørgær blandet med 1 tsk sukker
- 2¼ kopper ubleget universalmel
- 1 spsk rismel
- 1 stort æg, pisket
- 1 spsk klaret smør[ghee]
- 4 kopper uddrivningspresset majsolie til stegning

INSTRUKTIONER:

a) Lav siruppen ved at lægge 1 kop vand, sukker og citronsaft i en stor gryde. Rør rundt og bring det i kog uden låg ved middel varme. Når siruppen begynder at koge, skal du reducere varmen til lav, holde op med at røre og simre i 10 minutter. Fjern fra varmen og stil til side til afkøling.

b) Lav de søde fritter ved at opløse gærblandingen i ¼ kop lunkent vand i en lille skål. Lad hvile i 15 minutter, eller indtil den er boblende og fordoblet i volumen [dette kaldes at hæve gæren].

c) I en stor skål kombineres universalmel, rismel, hævet gærblanding, æg og klaret smør med 1¾ kopper vand. Bland godt for at kombinere, og pisk derefter for at fjerne klumper. Blandingen skal ligne en pandekagedej. Hvis dejen virker for tyk, tilsæt mere vand, spiseske for spiseske, indtil den er glat. Hvis dejen virker for tynd, tilsæt mere mel, spiseske for spiseske, indtil den er glat.

d) Dæk dejen med en ren køkkenklud, og pak derefter hele skålen ind i et rent håndklæde. Stil et varmt, trækfrit sted i 2 timer, eller indtil dejen er boblende og er fordoblet i volumen.

e) Når dejen er klar, varmes 4 kopper olie op i en stor, bred stegepande. Brug to teskefulde til at forme en dyngede teskefuld dej til en oval og skub den ovale af med en af skeerne. Gentag med den resterende dej.

f) Når olien når 350 til 365 grader F, skal du forsigtigt slippe de små kugler i den varme olie [du kan vælge at bære ovnluffer, mens du gør dette]. Steg 2 til 3 minutter på hver side, indtil de er gyldenbrune. Fjern med en hulske på et fad beklædt med køkkenrulle. Gentag indtil al dejen er brugt.

g) Læg forsigtigt fritter i reserveret citronsirup, vend forsigtigt til pels, og tag dem ud på et serveringsfad. Gentag indtil alle fritter er belagt.

17. Egyptisk Fava Falafel [T'amaya]

INGREDIENSER:
- 1 kop skrællede tørrede favabønner [bønner], udblødt natten over i vand og derefter drænet
- ¼ kop friske dildblade
- ¼ kop friske korianderblade
- ¼ kop friske persilleblade
- 1 lille gult løg i tern
- 8 fed hvidløg, hakket
- 1 tsk stødt spidskommen
- 1 tsk stødt koriander
- Knip cayennepeber
- Salt
- Friskkværnet sort peber
- 1 tsk bagepulver
- Uddrivningspresset majsolie, til stegning
- ¼ kop hvide sesamfrø

INSTRUKTIONER:

a) Kom bønner, dild, koriander, persille, løg og hvidløg i en foodprocessor og bland indtil en glat pasta. Bland ½ kop vand i [eller nok til at gøre blandingen våd og løs - den skal ligne tykkelsen af en tynd pasta].

b) Tilsæt spidskommen, koriander, cayennepeber og lidt salt og peber efter smag. Rør bagepulver i og bland for at inkorporere. Hæld blandingen i en skål og lad den stå ved stuetemperatur i 1 time.

c) Hæld 3 tommer majsolie i en stor stegepande over medium varme. Når olien er varm nok til at stege, vil et stykke brød, der falder i det, blive gyldent og flyde til toppen med det samme. Brug to teskefulde, saml en dyngede teskefuld af pastaen i den ene ske og skub den forsigtigt af med den anden ske, så du danner en rund patty i olien. Gentag processen, indtil panden er fuld, og efterlad en halv tomme mellemrum mellem hver falafel.

d) Mens falafel koger, drys et par sesamfrø på de ikke-kogte sider. Steg indtil falafel er mørk gyldenbrun, cirka 5 minutter; vend, og steg de andre sider til de har samme farve. Beklæd et fad med køkkenrulle.

e) Tag falafel op af olien med en hulske, og afdryp den på køkkenrulle. Gentag med den resterende dej.

f) Serveres lun med Tahinisauce.

18.Røde linsekroketter [Koftat Ads Ahmar]

INGREDIENSER:
- 2 gulerødder, skrællet og finthakket
- 1¼ kopper delte røde linser
- 1 gult løg, finthakket
- 2 fed hvidløg, hakket
- ½ tsk stødt kanel
- ½ tsk paprika
- ¼ tsk stødt muskatnød
- 1 tsk stødt spidskommen
- Saft af 1 citron
- 2 spsk hakkede usaltede jordnødder
- ½ kop universalmel
- 1 tsk stødt gurkemeje
- 1 kop uddrivningspresset majsolie Salt

INSTRUKTIONER:

a) Kom gulerødder, linser, løg, hvidløg, kanel, paprika, muskatnød, spidskommen, citronsaft, jordnødder og 2½ dl vand i en stor gryde ved høj varme. Bring i kog, og reducer derefter varmen til lav. Lad det simre tildækket i 30

b) minutter eller indtil al væsken er fordampet. Tag af varmen og stil til side, indtil den er kølig nok til at håndtere.

c) Bland mel og gurkemeje sammen på en lille tallerken. Støv let hænderne i mel og form linseblandingen til 16 [3-tommer] ovaler. Rul forsigtigt linsekroketterne ind i melblandingen for at dække dem.

d) Varm olien op i en stor stegepande ved middelhøj varme. Når olien er varm, sænk forsigtigt nogle af kroketterne ned i den varme olie, og pas på ikke at overfylde panden. Steg i cirka 10 minutter på hver side, eller indtil de er mørkegyldne. Fjern kroketterne fra olien med en hulske og læg dem på et fad beklædt med køkkenrulle.

e) Drys med salt efter smag. Gentag med de resterende kroketter. Serveres varm.

19.Kød og bulgur hvede fingre [Kibbeeba]

INGREDIENSER:
SKAL:
- 1⅓ kopper fin bulgur
- ½ pund hakket lam eller oksekød
- 1 rød chili, kernet og hakket
- 1 mellemstor gult løg, groft hakket Salt efter smag
- Friskkværnet sort peber efter smag

FYLD:
- 2 spsk olivenolie
- 1 mellemstor gult løg, finthakket
- ¼ kop pinjekerner
- ½ pund hakket lam eller oksekød
- ¼ tsk stødt muskatnød
- ½ tsk stødt kanel
- ¼ tsk paprika
- 1 tsk stødt spidskommen
- 4 spsk frisk koriander eller persille, finthakket
- Uddrivningspresset majsolie eller tidselolie til stegning

INSTRUKTIONER:

a) For at lave skallen: Placer bulgur i en mellemstor skål og dæk med 2 kopper koldt vand. Læg i blød i 15 minutter, dræn godt af og vend tilbage i skålen. Kom bulgur, hakket okse- eller lammekød, rød chili, løg, salt og peber i en foodprocessor. Puls til og fra, indtil blandingen danner en pasta.

b) For at lave fyldet: Varm olivenolie op i en stor stegepande ved middel varme. Sauter løg, indtil det er gennemsigtigt, cirka 3 til 5 minutter. Tilsæt pinjekerner, bland godt og kog i 5 minutter. Tilsæt kød, muskatnød, kanel, paprika og spidskommen og steg kødet, indtil det er brunt. Rør koriander eller persille i og stil til side, indtil den er afkølet. Smag til og juster ved at tilsætte salt evt.

c) Hæld skalblandingen fra foodprocessoren på en arbejdsflade. Med dine hænder form blandingen til en flad, rund kage på cirka 8 tommer i diameter. Skær kagen i 13 lige store skiver. Flad hver kile ud med håndfladen [de skal ligne pandekager].

d) Læg 1 tsk fyldblanding i midten af en runde. Bring derefter siderne over for at dække hele fyldeblandingen. Rul den til en æggeform, og sørg for, at farsen forbliver skjult. Gentag med de resterende 12 stykker.
e) Opvarm 2 tommer madolie over medium varme i en stor, dyb stegepande.
f) Når olien er varm, sænk forsigtigt kibbeeba ned i olien. Pas på ikke at overfylde panden – du skal muligvis arbejde i batches; der skal være mindst en tomme mellemrum mellem hver. Steg kibbeebaen på den ene side i 3 til 5 minutter, indtil den er gyldenbrun. Vend dem og steg i samme tid på den anden side.
g) Brug en hulske til at fjerne kibbeebaen på et fad foret med køkkenrulle. Drys eventuelt med salt og fortsæt med at stege resten af kibbeebaen.
h) Serveres lun eller ved stuetemperatur.

20.Søde fritter med citronsirup [Balahe Sham]

INGREDIENSER:
CITRONSIRUP:
- 2 kopper sukker
- 3 strimler citronskal
- Saft af ½ citron

SØDE FRITTER:
- 1 kop uddrivningspresset majsolie, plus ekstra til stegning
- 2¼ kopper ubleget, universalmel
- 1 spsk sukker
- ½ tsk salt
- 2 æggeblommer
- 1 tsk vaniljeekstrakt

INSTRUKTIONER:
a) Lav siruppen ved at kombinere sukker, citronskal, citronsaft og ¾ kop vand i en mellemstor gryde. Rør langsomt, bring det i kog ved middel varme. Når blandingen koger, og sukkeret er opløst, skal du stoppe med at røre og reducere varmen til lav. Lad det simre i 10 minutter og tag derefter af varmen og stil til afkøling. Kassér citronskal og stil til side. [Dette kan gøres op til 1 måned i forvejen; dæk til og opbevar i køleskabet.]
b) Bring 2 dl vand og olie i kog ved høj varme. Reducer varmen til lav og rør forsigtigt mel, sukker og salt i. Fortsæt med at røre, indtil ingredienserne er inkorporeret og begynder at danne en dej, der trækker sig væk fra siderne af gryden. Stil til side til afkøling.
c) Når dejen er stuetemperatur, røres æggeblommer i, en ad gangen, og vanilje.
d) Hæld dejen i en kagepose udstyret med en stor stjernetilbehør. Skub dejen ned mod bunden og drej toppen af posen, så den forbliver kompakt.
e) Hæld sirup i en stor lav skål og sæt den tæt på stegeområdet. Placer en hulske, en spatel, en anden stor skål med et dørslag over og en kniv i nærheden af stegeområdet sammen med en fyldt kagepose. Opvarm 2 tommer majsolie i en stor bred stegepande over medium-høj varme.

f) Hold konditorposen helt vinkelret over den varme olie med den ene hånd, klem en 3-tommers log ud af posen og kør hurtigt en kniv eller spatel hen over spidsen af posen for at slippe den ud i den varme olie. Arbejd hurtigt, fortsæt med at tilføje kagestokke, indtil du har omkring 10 lige store stammer i olien på én gang. Vend forsigtigt kævlerne med hulskeen for at sikre ensartet bruning og kog indtil de er mørkegyldne. [Dette bør tage 2 til 4 minutter, hvis det tager længere tid, øg varmen lidt; hvis de steger for hurtigt, skal du skrue lidt ned for varmen.] Brug hulskeen til at løfte træstykkerne ud af olien og ryst forsigtigt overskydende olie af. Kom dem i siruppen og med en anden ske og vend dem, så de bliver jævnt.
g) Læg dem i dørslaget for at dryppe af. Gentag processen, arbejd i partier, indtil al dejen er brugt.
h) Serveres varm.

21.Blandet nøddeplade [Tabaa M'kassarat]

INGREDIENSER:
- ¼ pund pistacienødder
- ¼ pund valnødder
- ¼ pund ristede saltede mandler
- ¼ pund saltede jordnødder
- ¼ pund saltede græskarkerner

INSTRUKTIONER:

a) Læg pistacienødder, valnødder, mandler, jordnødder og græskarkerner i individuelle høje på et serveringsfad.

22.Fava bønnepuré [Fuul Medammes]

INGREDIENSER:

- 2 teskefulde ekstra jomfru olivenolie
- 1 [15-ounce] dåse kogte favabønner [fuul medammes] med juice
- 1 tsk stødt spidskommen
- ⅛ teskefuld salt
- Friskkværnet sort peber
- Saft af 1 citron
- Pitabrød, til servering

INSTRUKTIONER:

a) Opvarm 1 tsk olivenolie i en medium stegepande ved middel-lav varme.
b) Tilsæt bønner og saft fra dåse, spidskommen, salt og lidt peber og rør det godt sammen.
c) Kog i 5 minutter eller indtil det meste af væsken er absorberet.
d) Reducer varmen til lav og mos bønnerne lidt med en gaffel eller kartoffelmoser og rør citronsaft i.
e) Hæld favablandingen på en tallerken. Lav et hul i midten og dryp den resterende 1 tsk olivenolie ned i det. Server med pitabrød.

23. Phyllo trekanter fyldt med lam [Sambusak bil Lahma Dani]

INGREDIENSER:
- ½ pund hakket lammekød, skyllet og drænet godt
- 1 lille gult løg, revet
- ½ tsk stødt spidskommen
- ½ tsk stødt kanel
- ½ tsk stødt muskatnød
- ½ tsk paprika
- Salt efter smag
- Friskkværnet sort peber efter smag
- 9 filodejsplader [18x14-tommer], optøet i henhold til pakkens anvisninger
- ⅓ kop klaret smør [ghee]

INSTRUKTIONER:

a) Lav lammeFYLD: Varm en stor stegepande op ved middel varme. Tilsæt hakket lam, løg, spidskommen, kanel, muskatnød og paprika. Kog blandingen, under omrøring af og til, indtil kødet er brunet. Smag til med salt og peber efter smag, rør godt for at få det til. Lad blandingen afkøle til stuetemperatur. [Fyldet kan laves en dag i forvejen og opbevares på køl.]

b) Forvarm ovnen til 350 grader F. Beklæd 2 bageplader med bagepapir eller silikoneforinger.

c) Åbn filopladerne og spred dem ud på en arbejdsflade med lang side mod dig. Læg tre lag oven på hinanden, og pensl det øverste med klaret smør, så det dækker. Klip 5 lige store strimler [fra top til bund] ned langs rektanglets længde. Læg en teskefuld lammeblanding øverst på hver strimmel. Fold filoen over fyldet på diagonalen. Fortsæt med at folde filoen på en flagfoldende måde til en trekant. Fortsæt med resterende phyllo og fyld.

d) Placer trekanter på forberedte bageplader. Pensl klaret smør over toppen af hver trekant. Bages i 20 til 25 minutter eller indtil de er gyldne. Serveres lun eller ved stuetemperatur.

24. Velsmagende filo-kager med kød [Goulasch bi Lahma]

INGREDIENSER:
- 1 spsk usaltet smør
- 1 lille gult løg i tern
- 1 pund hakket oksekød
- ¼ tsk stødt muskatnød
- ½ tsk stødt spidskommen
- ¼ tsk stødt kanel
- ¼ tsk paprika
- Salt efter smag
- Friskkværnet sort peber efter smag
- 1 pakke filodej, optøet ved stuetemperatur i 2 timer
- 1 kop klaret smør [ghee]

INSTRUKTIONER:

a) Varm smør i en stor stegepande ved middel varme. Tilsæt løg og sauter indtil det er gennemsigtigt, cirka 5 til 7 minutter. Tilsæt oksekød, rør muskatnød, spidskommen, kanel og paprika i, og brun grundigt. Krydr kødet med salt og

b) peber efter smag. Fjern fra varmen og stil til side til afkøling. [Dette kan gøres en dag i forvejen.]

c) Forvarm ovnen til 350 grader F. Åbn kassen med filodej. Trim filopladerne med en skarp kniv, så de passer ind i en 13x9x2-tommers bradepande.

d) Læg 1 filoplade over bunden af bageformen og pensl med klaret smør. Fortsæt med at stable filodej, smør hver plade, indtil du har brugt ½ af arkene. Læg den brunede kødblanding oven på filoen og fordel den i et jævnt lag, der efterlader en ½-tommers kant rundt om kanterne.

e) Dæk med endnu en filo-plade, pensl med smør, og fortsæt med at stable og smøre, indtil alle filo-plader er brugt op. Med en skarp, takket kniv skæres filoen i 24 firkanter [4 på tværs og 6 på langs].

f) Sæt i ovnen og bag i cirka 45 minutter eller indtil de er gyldne.

25. Auberginepuré [Baba Ghanoug]

INGREDIENSER:
- 2 auberginer [hver 8 til 9 inches lang]
- 2 spsk tahini
- Salt efter smag
- Saft af 1 citron
- Ekstra jomfru olivenolie efter behov
- Et strejf af sumac til pynt

INSTRUKTIONER:

a) Forvarm slagtekyllinger. Prik auberginerne med en gaffel og læg dem på en bageplade. Steg 15 til 20 minutter, vend én gang, indtil auberginerne er blærede og falder sammen. Lad køle af. Skræl og fjern kødet og læg det i et dørslag til afdrypning. Tryk ned med en gaffel, indtil al væske er fjernet. Læg auberginen i en mellemstor skål og mos den ned med en gaffel for at skære den i mundrette stykker, eller puls auberginen et par gange i en foodprocessor - pas på ikke at behandle auberginen for meget, da den ikke skal være helt glat .

b) Rør tahin, salt og citronsaft i auberginen med en gaffel. Tilsæt olivenolie, spiseske for spiseske, indtil teksturen minder om sprøde jordnødder

c) smør. Den nødvendige mængde olivenolie afhænger af vandindholdet og størrelsen af de anvendte auberginer.

d) Læg auberginepuréen i en bunke på et serveringsfad. Lav en lille brønd i midten og fyld med olivenolie. Drys med sumac. Server ved stuetemperatur sammen med pitabrød eller crudités.

26. Macererede dadler med abrikoser og rosiner [Khoshaf]

INGREDIENSER:
- 1 pund faste tørrede dadler, udstenede
- ½ pund rosiner
- ½ pund tørrede abrikoser, skåret i små stykker
- ¼ kop sukker
- 1 tsk appelsinblomstvand
- 1 tsk rosenvand

INSTRUKTIONER:
a) Læg dadler, rosiner og abrikoser i en stor skål. Hæld 4 kopper kogende vand oven på dem. Rør sukker, appelsinblomstvand og rosenvand i.
b) Lad stå indtil vandet når stuetemperatur og frugten bliver mør.
c) Server i små ramekins eller krus med en ske.

27.Lupin bønner [Termis]

INGREDIENSER:
- 1 [16-ounce] krukke spiseklare lupinbønner

INSTRUKTIONER:
a) Læg lupinbønner i blød i koldt vand i en dag og dræn dem derefter.
b) For at spise lupinbønner skal du holde dem i hånden og presse bønnen gennem dens skal. Spis bønnen og kassér skallen.

28.Phyllo trekanter med ost [Sambousik bil Gebna]

INGREDIENSER:
- 1 kop fetaost af god kvalitet, smuldret og pisket til en jævn konsistens
- 1 mellemstor løg, revet
- Friskkværnet peber
- Salt efter smag
- 9 filodejsplader [18x14-tommer], optøet
- ⅓ kop klaret smør [ghee]
- Et strejf af paprika

INSTRUKTIONER:
a) Forvarm ovnen til 350 grader F. Beklæd 2 bageplader med bagepapir eller silikoneforinger.
b) Lav fyld ved at kombinere fetaost og løg i en mellemstor skål. Smag til med et par skvæt peber. Rør godt rundt og smag blandingen til. På grund af saltindholdet i osten behøver blandingen måske slet ikke salt. Hvis det gør, tilsæt salt efter smag og stil til side.
c) Åbn filopladerne og spred dem ud på en arbejdsflade i en rektangulær position. Læg tre lag oven på hinanden, og pensl det øverste med klaret smør, så det dækker. Klip 5 lige store strimler [fra top til bund] ned langs rektanglets længde.
d) Placer en teskefuld osteblanding øverst på hver strimmel. Fold filoen over fyldet på diagonalen og fortsæt med at folde filoen på en flagfoldende [eller papirfodboldfremstilling] måde til en trekant. Fortsæt med resterende phyllo og fyld. Pensl klaret smør over toppen af hver trekant.
e) Drys med paprika og bag i 20 til 25 minutter eller indtil gylden. Serveres lun eller ved stuetemperatur.

29.Diverse tallerken med frisk frugt [Tabaa Fakha Tazig]

INGREDIENSER:
- 4 mandariner, skrællede
- 6 store jordbær
- 2 gallaæbler, udkernet og skåret i ¼-tommers terninger
- 2 gyldne æbler, udkernet og skåret i ¼-tommers terninger

INSTRUKTIONER:
a) Læg et dækkeserviet på et rundt serveringsfad. Arranger hele mandarinerne i form af et kryds i midten af pladen.
b) Placer et jordbær på toppen af midten af hver mandarin og et på siden af de to mandariner, der er på højre og venstre side.
c) galla æbleskiverne på venstre side af tallerkenen mellem jordbær og mandarin på toppen og bunden.
d) Arranger de gyldne æbleskiver på højre side af tallerkenen mellem jordbær og mandarin øverst og nederst.

30. Chicken Pita Brød Sandwicher [Shwarma bil Firakh]

INGREDIENSER:
- 2 pund hudløst, udbenet bryst, skåret i lange ½ tomme brede stykker
- 1 tsk salt
- 1 tsk friskkværnet sort peber
- Et strejf af chilipulver
- ¼ tsk stødt muskatnød
- 1 tsk stødt allehånde
- 1 tsk stødt spidskommen
- Saft og revet skal af 1 citron
- ⅛ kop hvid eddike
- ¼ kop majsolie
- 5 fed hvidløg, hakket
- 2 mellemstore løg, hakket

TIL SERVERING
- 6 stk almindelige pitabrød
- Egyptisk varm sauce, hvis det ønskes
- Tahinisauce
- Assorterede pickles eller konserverede citroner

INSTRUKTIONER:

a) Kombiner kyllingeskiver, salt, peber, chilipulver, muskatnød, allehånde, spidskommen, citronsaft og -skal, hvid eddike, majsolie, hvidløgsfed og løg i en stor lav skål eller et fad. Rør for at blande godt og belæg kyllingen. Dæk med aluminiumsfolie og stil i køleskabet i 24 timer.

b) Efter kyllingen har marineret i 24 timer, forvarm ovnen til 425 grader F. Fjern kyllingen fra køleskabet og dræn godt. Fordel kyllingen i et enkelt lag på en bageplade. Bag i nederste del af ovnen i 25 minutter, vend én gang. Smag kyllingen til og juster eventuelt krydderier.

c) Skær pitabrød i halve. Læg på en bageplade og varm i ovnen i ca. 1 til 2 minutter. Tag ud af ovnen og top med kyllingekødet.

d) Server på et fad med små skåle med egyptisk varm sauce, tahinisauce og pickles.

31. Brændt fisk med urter og tomater [Samak Fee al Forn bi Tomatum]

INGREDIENSER:

- 2 tsk tørret koriander
- 4 fed hvidløg, hakket
- Saft af 1 citron
- 2 tsk stødt spidskommen
- 1 hel [2 til 3 pund] havaborre eller rød multe, skælket og renset
- 2 spsk olivenolie
- 6 modne tomater, skåret i skiver
- 1 gult løg, skåret i tynde skiver
- 1 citron, skåret i tynde skiver
- 1 spsk hakket frisk persille
- 1 spsk hakket frisk koriander
- 1 spsk hakket frisk mynte
- Salt
- Friskkværnet sort peber

INSTRUKTIONER:

a) Forvarm ovnen til 425 grader F. Bland koriander, hvidløgsfed, citronsaft og spidskommen i en lille skål.

b) Lav 4 lige store diagonale skråstreger på begge sider af fisken. Fordel hvidløgsblandingen i hulrummet og i fiskens slidser.

c) Smør en bradepande med olivenolie. Læg fisken i fadet og vend olien over. Fordel tomater og løg rundt om siderne af fisken.

d) Læg citronskiver, persille, koriander og mynte i fiskehulen. Krydr fisken med et drys salt og friskkværnet peber.

e) Bages i 30 minutter, eller indtil fisken er uigennemsigtig og gennemstegt; fisken er gennemstegt, når den let flager.

f) Serveres lun med citronskiver.

HOVEDRET

32. Kalkun fyldt med ris og kød [Deeq Rumi Meshi Ma Roz wa Lahma]

INGREDIENSER:
- 3 spsk uddrivningspresset majsolie
- ⅛ kop skivede mandler
- ⅛ kop rosiner
- ¼ pund hakket oksekød eller lam
- 1 lille løg i tern
- 2 kopper egyptisk eller anden kortkornet ris
- 1 tsk salt
- ½ tsk friskkværnet peber
- 1 tsk stødt spidskommen
- 1 tsk stødt koriander
- ½ tsk stødt kanel
- 1 gulerod, groft hakket
- 1 porre, groft hakket
- 1 stilk selleri, groft hakket
- 1 hel kalkun [10 til 12 pund], renset og skyllet godt, indmad reserveret til anden brug
- 1 kop tomatpuré

INSTRUKTIONER:
a) Forvarm ovnen til 375 grader F.
b) Opvarm 1 spsk majsolie i en stor gryde ved middel varme. Tilsæt mandler og rosiner og steg i 1 minut eller indtil mandlerne er gyldne og rosinerne er fyldige. Fjern med en hulske og stil til side.
c) Kom kød og løg i den samme gryde og steg, indtil kødet er brunt. Rør ris i, steg i 1 minut eller indtil de er uigennemsigtige. Tilsæt 3½ dl vand, rør rundt og øg varmen til høj.
d) Så snart blandingen begynder at koge, reducer du varmen til lav og smag til med salt og friskkværnet peber. Læg låg på og lad det simre i cirka 15 minutter, eller indtil alt vandet er absorberet.
e) Hæld risblandingen i en stor skål og rør mandler, rosiner, spidskommen, koriander og kanel i.
f) Smør en 9 x 13-tommer bradepande eller en bradepande med låg med de resterende 2 spsk majsolie. Læg gulerods-, porre- og selleristykker i bunden af gryden.

g) Læg kalkunbrystsiden opad i gryden og vend for at dække med olie. Placer risblandingen i hulrummet og fastgør benene med slagtergarn. Hæld tomatpuré over kalkun.
h) Smag til med salt og friskkværnet peber.
i) Dæk med aluminiumsfolie eller låg og bag i 3½ til 4 timer, eller indtil kalkunen er færdig, ved at dryppe kalkunen hvert 30. minut.

33. Stegt lammelår med kartofler [Fakhda Mashwiya bil Batatas]

INGREDIENSER:
- 1 [5 pund] lammekølle
- 1 hvidløgshoved, pillet og skåret i skiver
- Salt efter smag
- 3 spsk tørret mynte
- Friskkværnet sort peber efter smag
- 2 dl hønsefond eller vand
- 8 mellemstore Yukon Gold kartofler, skrællet og delt i kvarte
- Saft af 1 citron
- 2 store gule løg, skåret i ringe
- 3 spsk uddrivningspresset majsolie
- 2 store tomater, hakkede el
- ½ kop hakkede dåsetomater
- 2 kanelstænger

INSTRUKTIONER:
a) Forvarm ovnen til 350 grader F.
b) Med en parerkniv laver du 1-tommers slidser forskellige steder på lammelåret. Stik hvidløgsskiver i hullerne i lammet. Gnid lidt salt, mynte og lidt peber ind i lammelåret. Læg lammekødet i en stor bradepande. Hæld 1 kop hønsefond eller vand i gryden. Bages i 1 time uden låg, drysser hvert 20. minut.
c) Tilsæt kartofler til gryden. Hæld citronsaft over kartofler og lam og smag til med salt og peber. Læg løgringe over lammet. Dryp majsolie over løg og kartofler. Fordel tomaterne rundt om siderne af gryden. Tilsæt kanelstænger og resterende 1 kop bouillon til gryden. Returner til ovnen og bag uden låg i yderligere 2 timer, dryp hvert 20. minut, indtil lammet falder af benet og kartoflerne er møre.
d) Tag den ud af ovnen og dæk gryden med låg eller alufolie. Lad lammekødet stå ved stuetemperatur i 10 minutter før udskæringen. Kom tomater og kartofler i en serveringsskål. Fjern og kassér kanelstænger. Læg lammekødet på et fad og skær det ud. Serveres varm.

34. Fuld Medames [Fava Beans Stew]

INGREDIENSER:
- 2 kopper tørrede fava bønner
- 4 kopper vand
- 3 fed hvidløg, hakket
- 1/4 kop olivenolie
- Salt efter smag
- Valgfri pynt: hakkede tomater, løg og persille

INSTRUKTIONER:
a) Læg favabønnerne i blød natten over i vand.
b) Kog bønnerne i en gryde med vand, indtil de er møre.
c) Svits hakket hvidløg i olivenolie i en separat gryde, indtil de er gyldne.
d) Tilsæt de kogte bønner i gryden, mos lidt, og smag til med salt.
e) Serveres varm, pyntet med tomater, løg og persille.

35. Koshari [egyptisk linse- og risret]

INGREDIENSER:
- 1 kop brune linser
- 1 kop ris
- 1 kop lille pasta [makaroni eller vermicelli]
- 1 dåse [14 oz] kikærter, drænet
- 1 stort løg, skåret i tynde skiver
- 3 fed hvidløg, hakket
- 2 spiseskefulde vegetabilsk olie
- 1 tsk stødt spidskommen
- 1 tsk stødt koriander
- Salt og peber efter smag
- Tomatsauce til servering

INSTRUKTIONER:
a) Kog linser og ris hver for sig efter anvisning på pakken.
b) Kog pastaen al dente, og dræn den derefter.
c) Svits løg i en gryde, indtil de er gyldenbrune, tilsæt hvidløg, spidskommen, koriander, salt og peber.
d) Læg linser, ris, pasta og kikærter i lag. Top med løgblandingen og server med tomatsauce.

36. Kalvekød, ris og ristet brødgryde [Fattah bil Bitello]

INGREDIENSER:
- 2 pund udbenet kalvekødskulderterninger
- 1 stort løg
- 1 tsk salt
- ½ tsk friskkværnet sort peber
- ½ tsk stødt kanel
- ½ tsk stødt muskatnød
- ½ tsk paprika
- 2 pitabrød, skåret i 1-tommers firkanter
- ¼ kop klaret smør [ghee]
- ¼ kop destilleret hvid eddike
- 13 fed hvidløg, pillede og hakket
- 1 tsk tørret koriander
- 2 kopper tilberedt egyptisk ris
- 4 spsk finthakket frisk persille
- Varm sauce, til servering

INSTRUKTIONER:

a) Læg kalvetern, løg, salt, peber, kanel, muskatnød og paprika i en stor gryde. Dæk med vand og bring det i kog ved høj varme. Sænk varmen til middel-lav, læg låg på og lad det simre, indtil kalvekødet er mørt. Smag til og juster salt evt.

b) Forvarm slagtekyllinger. Læg pitabrødsstykker på en bageplade og pensl let med klaret smør på begge sider. Placer under slagtekyllinger, vend én gang, indtil de er ristet på begge sider. Sæt til side.

c) I en lille gryde varmes eddike op over medium varme. Tilsæt hvidløg og koriander og kog indtil væsken er halvdelen af den oprindelige mængde.

d) Rør brødstykker ind i egyptiske ris og kom blandingen på bunden af et serveringsfad, efterlad en 2-tommers kant rundt om fadets sider.

e) Arranger kalvestykkerne rundt om riskanten. Dryp eddike-hvidløgssauce over risene og kalvebouillon over kalvestykkerne.

f) Drys persille ovenpå fadet.

g) Serveres varm.

37. Grillede friske sardiner [Sardine Mali]

INGREDIENSER:

- 1 spsk ekstra jomfru olivenolie
- 3 pund friske sardiner, renset og renset
- 1 bundt frisk rosmarin
- Salt
- Friskkværnet sort peber
- 2 citroner, skåret i kvarte

INSTRUKTIONER:

a) Varm grill eller grillpande op over medium-høj varme. Hvis du bruger en grillpande, så pensl med olivenolie.

b) Fyld hver sardin med en kvist frisk rosmarin og smag til med salt og peber.

c) Placer på grillen og steg i 3 til 5 minutter på hver side, indtil den er let gylden og gennemstegt.

d) Læg dem på et fad og pynt med de resterende rosmarinkviste og citronkvarte.

38. Makaroni med kød og bechamelsauce [Macarona Bechamel]

INGREDIENSER:
BÉCHAMEL Sauce:
- 4 spsk smør
- 4 spsk universalmel
- 2 kopper varm sødmælk
- 2 kopper varm kylling el grøntsagslager
- Salt
- Friskkværnet sort peber
- 1 æg

KØDFYLD:
- 2 spsk usaltet smør
- 2 pund hakket oksekød
- 1 løg, revet
- 1 tsk oksekrydderi el
- ½ tsk malet koriander og ½ tsk malet spidskommen
- ¼ kop tomatpuré Salt
- Friskkværnet sort peber
- 1 pund rigatoni eller penne
- ½ kop revet pecorino Romano ost [eller egyptisk gebna rumi], til topping

INSTRUKTIONER:

a) Sådan laver du béchamelsaucen: Smelt smør i en medium gryde ved middel varme. Tilsæt mel og pisk det godt sammen. Pisk langsomt mælk og bouillon i ½ kop ad gangen, pisk efter hver tilsætning. Øg varmen til middelhøj, kog forsigtigt i to minutter, reducer varmen til lav og lad det simre, mens du rører langsomt med en træske, indtil saucen er reduceret til halvdelen af dens oprindelige volumen. Fjern fra varmen og lad afkøle lidt. Smag til og tilsæt salt og peber efter behov. Pisk æg i en lille skål og tilsæt 2 spsk bechamelsauce, en ad gangen og pisk godt efter hver tilsætning. Tilsæt langsomt æggeblandingen i bechamelsaucen, pisk godt. Sæt saucen til side, indtil den skal bruges.

b) For at lave kødet FYLD: Varm smør i en stor stegepande over medium varme. Tilsæt oksekød, løg og oksekødskrydderi og kog indtil oksekødet er brunt, cirka 5 minutter. Tilsæt tomatpuré, salt og friskkværnet peber efter smag. Reducer varmen til lav og kog uden låg, indtil tomatpuré er blevet absorberet af kødblandingen. Tag gryden af varmen, smag til og juster evt. salt og peber.

c) For at samle og bage makaroni: Forvarm ovnen til 350 grader F. Kog pasta i henhold til pakkens anvisninger. Stop med at lave mad 1 til 2 minutter for tidligt [pastaen fortsætter med at koge i ovnen] og afdryp Fordel cirka ¼ kop bechamelsauce over bunden af en 9x13x2-tommer pande. Reserver 1 kop béchamelsauce til toppen af gryden. Bland den resterende béchamelsauce med pasta. Smag til og juster salt evt.

d) Hæld halvdelen af pastablandingen i bageformen og glat toppen. Fordel kødfyldet jævnt over pastaen. Fordel den resterende pastablanding over kødfyldet. Glat toppen, og hæld reserveret béchamelsauce jævnt over toppen af pastaen.

e) Drys revet pecorino Romano jævnt over hele retten.

f) Bag gryden i cirka 45 minutter, eller indtil toppen er gyldenbrun.

39. Kylling & spinat Matzo-tærte med egyptisk varm sauce [Mayeena]

INGREDIENSER:
- 2 pund kyllingelår
- 7 spsk uddrivningspresset majsolie
- 2 gule løg i tern
- 10 fed hvidløg, hakket
- 2 pund frossen spinat, optøet og drænet
- Salt efter smag
- Friskkværnet sort peber
- 1 tsk stødt allehånde
- 1 tsk stødt koriander
- 1 tsk stødt kanel
- ½ kop hakket persille
- ½ kop hakket koriander
- 5 æg, let pisket
- 1 kop hønsefond [reserveret fra tilberedning af kyllingen]
- 6½ økologiske matzoplader af fuldkornshvede
- 2 kopper tomatpuré
- 1 tsk stødt spidskommen
- ¼ tsk chilipulver
- 1 spsk destilleret hvid eddike

INSTRUKTIONER:
a) Læg kyllingelår i en mellemstor gryde og dæk med vand. Bring i kog ved medium-høj varme, og reducer derefter varmen til medium-lav. Skum afskum fra toppen af gryden, og lad det simre uden låg i 30 minutter, eller indtil kyllingen er gennemstegt. Dræn og reserver 1 kop bouillon.
b) Forvarm ovnen til 375 grader F. Når kyllingen er kølig nok til at håndtere, fjern kødet fra knoglerne og riv det i mundrette stykker.
c) Opvarm 2 spsk majsolie i en stor stegepande ved middel varme. Tilsæt halvdelen af løgene og sauter indtil de er møre og gennemsigtige. Rør halvdelen af hvidløget i og steg uden låg i 1 minut.
d) Tilføj spinat til stegepanden; kog 1 minut uden låg. Rør kyllingekødet i blandingen; kog et minut mere. Smag til med et

drys salt og peber, allehånde, koriander og kanel. Sænk varmen til lav og kog i 1 minut. Rør persille og koriander i.
e) Hæld forsigtigt de sammenpiskede æg i gryden under kraftig omrøring, så æggene ikke stivner. Kog i 2 minutter under konstant omrøring, og tag derefter af varmen.
f) Olie 9 x 13-tommer bradepande med 1 spsk majsolie. Hæld hønsefonden i en stor lav gryde eller skål. Dyp en matzoplade i bouillonen, så den er mættet og blød, men stadig intakt, og læg derefter i bunden af den olierede pande. Fortsæt indtil hele bunden af bradepanden er helt beklædt med matzo. [Du skal muligvis bryde nogle stykker op for at få dem til at passe.]
g) Fordel halvdelen af kylling/spinatblandingen jævnt over laget af matzo. Hæld ¼ kop hønsefond over kylling/spinatblandingen. Læg endnu et lag våd matzo over toppen af kylling/spinatblandingen. Hæld den resterende bouillon over matzoen. Pensl forsigtigt 3 spiseskefulde majsolie over toppen af gryden. Bages i 30 minutter eller indtil de er gyldne.
h) Mens gryden bager, lav den egyptiske varme sauce: Opvarm den resterende 1 spsk majsolie i en medium gryde over medium varme. Tilsæt den resterende halvdel af løgene og sauter indtil de er bløde og gyldne. Tilsæt den resterende halvdel af hvidløget og svits indtil det begynder at få farve. Tilsæt tomatpuré, rør rundt og smag til med salt og peber. Tilsæt spidskommen og chilipulver og rør godt; læg låg på og lad det simre i 20 minutter. Tilsæt eddike og lad det simre under låg i yderligere 5 minutter. Smag til og juster evt. salt og peber. Fjern fra varmen og hold tildækket indtil servering.
i) Server saucen varm i en skål ved siden af den varme matzo-gryde.

40. Ristede sardiner med rucola [Sardeen Fee al Forn bi Gargheer]

INGREDIENSER:
- 5 spiseskefulde ekstra jomfru olivenolie
- 1 pund hele sardiner, rensede og skællede
- 4 fed hvidløg
- 1 tsk stødt koriander
- 1 tsk stødt spidskommen
- 1 tsk zataar, 1 tørret timian eller tørret oregano
- Knip chilipulver
- Saft af 1 citron eller lime
- Salt
- Friskkværnet sort peber
- Rucola

INSTRUKTIONER:
a) Forvarm ovnen til 425 grader F.
b) Smør en bradepande med 1 spsk olivenolie og læg sardiner i gryden. Blend de resterende 4 spsk olivenolie, hvidløg, koriander, spidskommen, zataar, timian eller oregano og chilipulver i en blender eller foodprocessor for at danne en dressing. Hæld dressing over sardinerne.
c) Bag sardiner i 20 til 25 minutter, indtil kanterne er gyldne og kødet er uigennemsigtigt. Pres citron- eller limesaft over sardinerne; smag til med salt og friskkværnet peber.
d) Serveres varm eller ved stuetemperatur med rucola.

41. Kalve- og kartoffeltagin [Tagin Bitello wa Batatas]

INGREDIENSER:
- 1 spsk klaret smør [ghee]
- 1 mellemstor gult løg, hakket
- 3 kopper hakkede tomater med juice
- 1 pund udbenet kalveskulder, skåret i 1-tommers terninger
- 5 fed hvidløg, skåret i skiver
- 3 store Yukon Gold kartofler, skrællet og skåret i tynde skiver
- 1 tsk salt
- ½ tsk friskkværnet sort peber
- ⅛ teskefuld malet tørret rød peberflager
- ¼ tsk stødt muskatnød
- ½ tsk stødt kanel
- ¼ tsk paprika
- 2 spsk hakket frisk persille

INSTRUKTIONER:
a) Forvarm ovnen til 300 grader F. I en ovnfast gryde, eller almindelig gryde, hvis du vil bruge en lerfad, opvarm klaret smør over medium varme. Tilsæt løg og sauter indtil det er gennemsigtigt.
b) Tilsæt tomater, kalvekød, hvidløg og kartofler. Smag til med salt, peber, røde peberflager, muskatnød, kanel og paprika og rør godt.
c) Hvis du bruger en bageform af ler, hæld stuvningen i fadet og dæk den. Ellers dæk gryden til og sæt i ovnen.
d) Bag i 1 time og 15 minutter, eller indtil kød og kartofler er møre og der dannes en "skorpe" på toppen. Tag ud af ovnen, smag til, og juster eventuelt salt.
e) Pynt med persille og server i et ovnfast fad.

42. Krydderi-infunderet lammeskank [Kawara Lahma Dani]

INGREDIENSER:
- 2 spiseskefulde vegetabilsk olie
- 4 lammeskank
- Salt
- Friskkværnet sort peber
- ½ tsk stødt muskatnød
- 1 tsk stødt kanel
- 1 tsk paprika
- 1 tsk stødt spidskommen
- 2 selleristængler, skåret i tern
- 2 gule løg i kvarte
- 2 gulerødder, skrællet og skåret i tern
- 2 fed hvidløg, hakket
- 4 kopper grøntsags-, kyllinge- eller oksefond
- 2 tsk anisfrø
- Saft af 1 citron eller appelsin
- Rodfrugter [kartofler, rutabagas osv.], hakkede [valgfrit]

INSTRUKTIONER:

a) Opvarm vegetabilsk olie over medium varme i en stor lav pande. Kom lammeskanke i panden og brun på alle sider. Krydr hver side af lammet med et drys salt og peber, muskatnød, kanel, paprika og spidskommen. Tag lammet af panden og stil til side.

b) Tilsæt selleri, løg, gulerødder og hvidløg til gryden og rør det godt sammen. Sauter indtil grøntsagerne er gennemsigtige.

c) Kom lammekødet tilbage i gryden og hæld bouillon over skankene. Øg varmen til høj og bring det i kog. Skru ned for varmen, læg låg på og lad det simre i 1½ time.

d) Tilsæt anisfrø og citron- eller appelsinsaft til gryden. Hvis du bruger rodfrugter, skal du tilføje dem til gryden på dette tidspunkt. Rør rundt, dæk til og fortsæt med at braisere kødet, indtil det er mørt og falder af benet, ca. 1½ time mere.

e) Smag til og juster evt. salt og peber. Til servering placeres lammekødet på et serveringsfad med kanter. Si bouillonen over lammet. Lad kødet stå 10 minutter før servering.

43. Linser, ris og pasta med krydret tomatsauce [Koushari]

INGREDIENSER:
- 1 kop brune eller sorte linser, skyllet
- 3 spsk uddrivningspresset majsolie
- 2 mellemstore gule løg, 1 i tern, 1 i tynde skiver
- 6 fed hvidløg, hakket
- 2 kopper tomatpuré
- Salt efter smag
- Friskkværnet sort peber efter smag
- 1 tsk stødt spidskommen
- ¼ tsk chilipulver
- 1 spsk destilleret hvid eddike
- 1 kop egyptisk eller anden kortkornet ris
- ½ kop albuemakaroni eller mini penne pasta
- 1 kop dåse kikærter, skyllet og afdryppet godt

INSTRUKTIONER:
a) Læg linser i en mellemstor gryde og dæk med vand. Bring i kog ved høj varme og reducer derefter varmen til medium. Lad det simre uden låg, indtil det er mørt, cirka 20 minutter. Dræn og gem linserne indtil de skal bruges.
b) Opvarm 1 spsk majsolie i en medium gryde over medium varme. Tilsæt hakket løg og svits indtil de er bløde og gyldne. Tilsæt hvidløg og svits indtil det begynder at få farve. Tilsæt tomatpuré, rør rundt og smag til med salt og peber. Tilsæt spidskommen og chilipulver, rør godt. Dæk til og lad det simre i 20 minutter. Tilsæt eddike og lad det simre under låg i yderligere 5 minutter. Smag til og juster evt. salt og peber. Fjern fra varmen og hold tildækket indtil servering.
c) Fyld en mellemstor gryde trekvart fuld med vand og bring det i kog ved høj varme. Tilsæt egyptiske ris og reducer varmen til medium. Kog til risene er møre og dræn derefter. Læg ris tilbage i gryden og læg låg på, så de holder sig varme indtil servering.
d) Fyld imens en anden mellemstor gryde til trekvart fuld med vand og bring det i kog ved høj varme. Smag til med salt og reducer varmen til medium.

e) Tilsæt pasta og kog indtil færdig. Dræn godt af, læg pastaen tilbage i gryden og læg låg på, så den holder sig varm indtil servering.
f) Opvarm de resterende 2 spsk majsolie i en stor, bred stegepande over medium varme. Tilsæt hakket løg og svits indtil mørkegyldenbrun. Afgang
g) varm op og rør kikærter i.
h) Saml Koushari ved at hælde risene jævnt i bunden af en stor, lav serveringsskål. Drys pasta ovenpå ris og linser ovenpå pastaen. Hæld sauce jævnt over toppen af ris og pasta. Arranger løg og kikærter i et mønster omkring midten af fadet. Serveres varm.

44.Cirkassisk kylling [Shirkaseya]

INGREDIENSER:
- 3 hele udbenede kyllingebryst
- 5 dl hønsefond
- Salt
- Friskkværnet sort peber
- 1 gulerod, skrællet og skåret i halve
- 3 skiver gammelt brød, skåret i stykker
- 1½ dl malede valnødder
- 1 fed hvidløg
- ½ kop sødmælk

PYNT
- 1 spsk olivenolie
- 1 tsk paprika
- 3 valnøddehalvdele

INSTRUKTIONER:
a) Læg kyllingebryst, 4 kopper bouillon, salt, peber og gulerod i en stor gryde. Bring det i kog over medium-høj varme, uden låg. Skum afskummet af toppen af væsken, efterhånden som det dannes. Reducer varmen til medium-lav, og lad det simre uden låg i 45 minutter, eller indtil kyllingen er gennemstegt.
b) Purér den resterende 1 kop bouillon, brød, valnødder, hvidløg og mælk i en blender for at danne en jævn pasta. Smag til og juster salt og peber efter smag. Når kyllingen er færdigkogt, drænes den og køles lidt af.
c) Gem bouillonen til anden brug. Når den er kølig nok til at håndtere, riv kyllingen i mundrette stykker med fingrene.
d) Læg kyllingestykkerne på et serveringsfad og top med valnøddepasta.
e) Hæld olivenolie i en lille skål og pisk paprika i.
f) Dryp ovenpå kyllingen og top med valnøddehalvdele.

45.Egyptisk ris med blandede grøntsager [Roz bil Khodar]

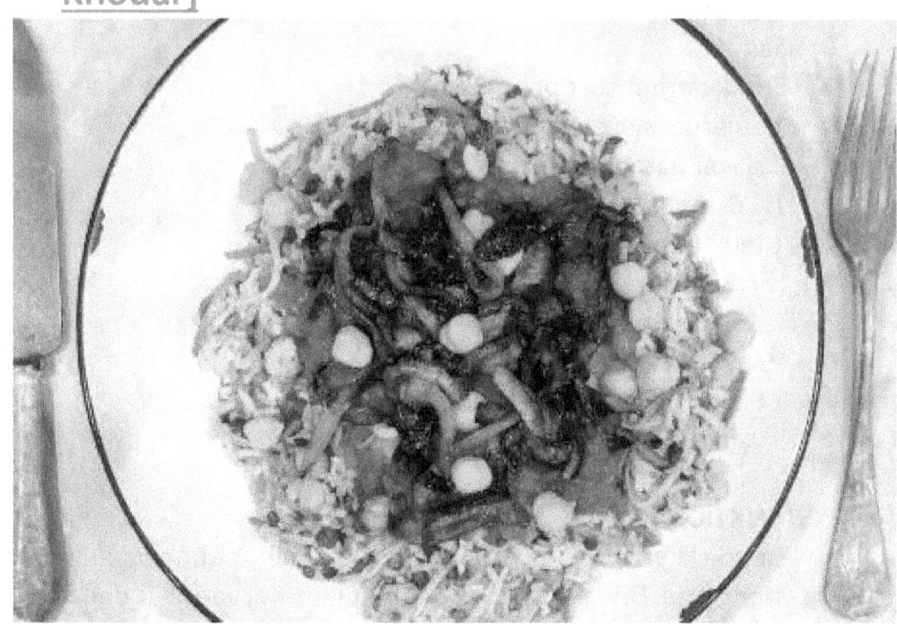

INGREDIENSER:
- 2 grønne peberfrugter i tern
- 2 gulerødder i tern
- 2 spsk olivenolie
- 1 gult løg, skåret i tynde skiver
- 2 kopper egyptisk eller anden kortkornet ris
- ¾ kop hakkede tomater
- 3 kopper kylling eller grøntsagsfond
- ½ tsk salt
- ¼ tsk friskkværnet sort peber

INSTRUKTIONER:

a) Kom peberfrugt og gulerødder i en mellemstor gryde fyldt tre fjerdedele af vejen med vand og bring det i kog. Reducer varmen og lad det simre uden låg i 10 minutter. Dræn og sæt til side.

b) Varm olivenolie op i en medium gryde ved middel varme. Tilsæt løgskiver og sauter til de er lyse gyldne. Fjern fra panden og tilsæt til grøntsagerne.

c) Tilsæt risene til olien, som løget sauterede i. Kog over medium-lav varme i 3 til 5 minutter, eller indtil de er gennemsigtige. Tilsæt grøntsager, tomater og bouillon. Smag til med salt og peber og rør rundt, så det kommer i.

d) Bring i kog ved høj varme. Reducer varmen til lav og lad det simre under låg i 20 til 25 minutter, eller indtil alt vand er absorberet. Serveres varm.

46. Beduin lammegryderet [Tagin Lahma Dani]

INGREDIENSER:
- 1 spsk uddrivningspresset majsolie
- 3 gule løg, skåret i tynde skiver
- 3 pund lammeskulderkød, skåret i 3-tommers stykker
- 1 tsk stødt kanel
- ½ tsk stødt muskatnød
- ½ tsk stødt allehånde
- 1 tsk salt eller efter smag
- Friskkværnet sort peber

INSTRUKTIONER:
a) Forvarm ovnen til 325 grader F. Opvarm olie i en stor, ovnfast gryde.
b) Tilsæt løg og sauter ved medium varme, indtil de er brune, 5 til 7 minutter. Tilsæt lam og brun på alle sider, cirka 10 minutter.
c) Smag lammekødet til med kanel, muskatnød, allehånde, salt og et drys peber. Kast kød til belægning. Hæld nok vand over lammet, så det næsten ikke dækker, og sæt det i ovnen uden låg.
d) Braiser i 2½ time, vend hver halve time. Tilsæt mere vand for at dække, hvis der ikke er væske tilbage, og bras i yderligere 30 minutter, eller indtil lammet er mørt.
e) Serveres varm.

47. Ristet marineret kylling [Firakh Mashwi Fee al Forn]

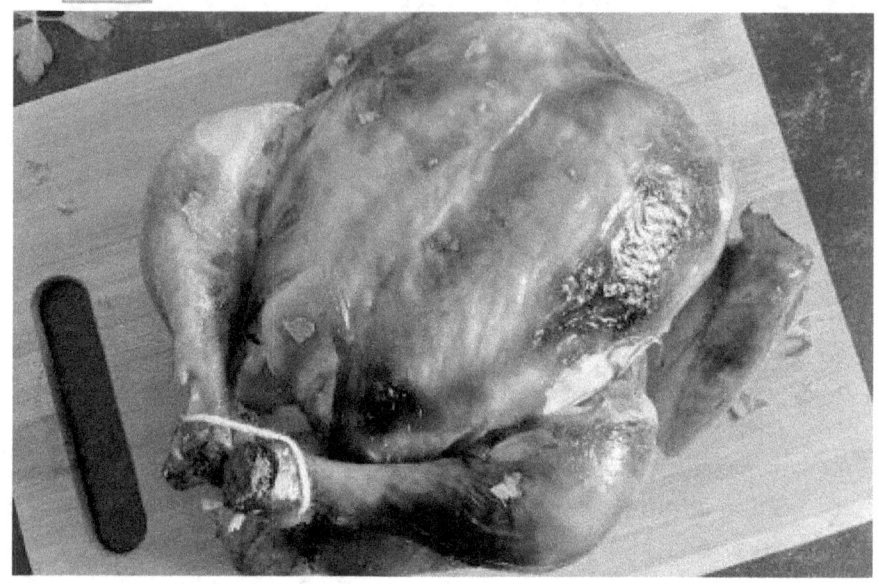

INGREDIENSER:
- ¼ kop ekstra jomfru olivenolie
- Saft af 1 citron
- Saft af 1 lime
- 1 gult løg i kvarte
- 4 spsk hakket frisk mynte
- 1 spsk hakket frisk persille
- 1 spsk hakket frisk oregano
- 1 spsk fjerkrækrydderi
- Salt
- Friskkværnet sort peber
- 1 hel kylling [3 til 4 pund], renset og indmad fjernet

INSTRUKTIONER:
a) Bland olivenolie, citronsaft, limesaft, løg, mynte, persille, oregano, fjerkrækrydderi og lidt salt og peber efter smag i en stor skål. Læg kyllingen i skålen og vend den til pels.
b) Læg et stykke af løget inde i hulrummet. Dæk skålen til og mariner kyllingen i køleskabet i 12 til 24 timer.
c) Forvarm ovnen til 425 grader F. Steg kyllingen, tildækket, i 1½ time, eller indtil toppen er gyldenbrun og lårkødsaften løber klar, når den gennembores med en gaffel. Fjern fra ovnen. Lad hvile i 10 minutter.
d) Serveres varm.

48.Fried Nila Aborre [Samak Bulti Mali]

INGREDIENSER:
- 4 pund nilaborre eller anden frisk hvid fisk [små hele rensede fisk eller udbenede fileter]
- 2 citroner, 1 juicet, 1 i tynde skiver
- 8 fed hvidløg, hakket
- Friskkværnet sort peber efter smag
- 4 spsk uddrivningspresset majsolie
- 1 spsk stødt spidskommen
- ½ kop universalmel Salt efter smag
- 2 spsk olivenolie
- 1 bundt frisk persille, hakket

INSTRUKTIONER:
a) Skyl fisken og læg den i en stor lav skål til marinering. I en lille skål blandes citronsaft, hvidløg, lidt peber, 2 spsk majsolie og spidskommen sammen.
b) Hæld blandingen over fisken, dæk skålen til og mariner i 30 minutter.
c) Hæld mel på en tallerken. Fjern fisken fra marinaden og vend melet i. Ryst overskydende af og læg på et stort fad. Krydr hver side af fisken med et drys salt.
d) Varm olivenolie op i en stor, tung stegepande over medium varme. Tilsæt fisken i stegepanden og steg mindst 5 minutter før den vendes.
e) Når undersiden er gylden, vendes og steges på den anden side i yderligere 5 minutter, eller indtil fisken er gennemstegt. [Hele fisk vil tage længere tid afhængigt af deres størrelse.]
f) Når fisken er gennemstegt, lægges den over på et lunt serveringsfad og pyntes med citronskiver og persille.

TILBEHØR

49. Artiskokker med dildsauce [Kharshuf bi Shabbat]

INGREDIENSER:
- 12 baby artiskokker
- Salt efter smag
- Saft af 2 citroner
- 3 spsk olivenolie
- 1 spsk dijonsennep
- ¼ kop frisk dild, finthakket
- Friskkværnet sort peber efter smag

INSTRUKTIONER:
a) Rens artiskokkerne ved at lægge dem i blød i vand, og skift vandet, indtil det forbliver klart efter iblødsætning. Træk de udvendige blade af artiskokkerne.
b) Brug en køkkensaks til at klippe toppen af de resterende artiskokblade af, så toppen af artiskokken har en ensartet højde. Fjern den tornede choker fra midten. På dette stadium skal artiskokken ligne en blomst.
c) Kom artiskokkerne i en stor gryde, tilsæt lidt salt, dæk med vand og bring det i kog ved middelhøj varme. Når artiskokkerne begynder at koge, skal du reducere varmen til medium og fortsætte med at koge artiskokkerne, indtil de er møre.
d) Dræn artiskokkerne og anret dem på et lille serveringsfad. Kom citronsaft, olivenolie, dijonsennep og dild i en blender. Blend sammen til en vinaigrette og smag til med salt og peber. Hæld dressingen over artiskokkerne.
e) Serveres lun eller ved stuetemperatur.

50.Fyldte vinblade [Wara' El Aghnib]

INGREDIENSER:
- ½ pund friske vinblade eller 1 [8 ounce] krukke konserverede vinblade, drænet
- 1 kop egyptisk eller anden kortkornet ris
- ⅓ kop frisk dild, finthakket
- ⅓ kop frisk persille, finthakket
- ⅓ kop friske mynteblade, finthakket
- 1 kop hakkede tomattæer på dåse, drænet
- 1 mellemstor gult løg, revet
- ¼ kop uddrivningspresset majsolie
- 1 tsk salt
- ½ tsk friskkværnet sort peber
- Et strejf af chilipulver
- 1 tsk stødt spidskommen
- Saft af 1 citron

INSTRUKTIONER:
a) Læg vinblade i en stor skål. Dæk med kogende vand og lad stå i 10 minutter. Dræn vinblade. Læg bladene på en arbejdsflade med venesiden opad. Skær det overskydende stykke stilk fra bunden af hvert blad.

b) Bland ris, urter, ¾ kop tomater, løg, majsolie, salt, peber, chilipulver og spidskommen i en mellemstor skål. Læg 1 spiseskefuld fyld i midten af et blad. Form fyldet, så det ligner bredden af en blyant på tværs af bladets bredde. Rul bladet løst op, start fra bunden. Stik siderne af bladet ind, mens du går, og lav en konvolut. Undgå at rulle bladet for stramt, ellers rives det i stykker, når risene koger og udvider sig indeni. Fortsæt med de resterende blade.

c) Læg fyldte vinblade med sømsiden nedad ved siden af hinanden i en tung gryde. De fyldte blade skal røre hinanden og passe ind i gryden uden mellemrum. Gentag et andet lag ovenpå, hvis det er nødvendigt. Læg en tallerken på hovedet oven på de fyldte blade i gryden, så de ikke hæver. Hæld kogende vand over bladene, indtil de er næsten, men ikke helt dækket.

d) Tilsæt de resterende ¼ kop tomater, lidt salt og peber og citronsaft til gryden. Dæk gryden til og lad det simre ved svag varme, indtil risene er færdigkogte og bladene møre, cirka 1 til 1½ time.
e) For at teste færdigheden af de fyldte vinblade skal du bryde en i to og smage den.
f) Serveres lun eller ved stuetemperatur.

51.Egyptisk ris [Roz]

INGREDIENSER:
- 1 tsk klaret smør[ghee]
- 1 kop egyptisk eller anden kortkornet ris
- 1¾ dl grøntsags- eller hønsefond
- ¼ tsk salt, eller efter smag

INSTRUKTIONER:
a) Smelt klaret smør ved middel varme i en medium gryde.
b) Tilsæt halvdelen af risen, rør en gang, og fortsæt med at koge i 2 til 3 minutter, indtil risene er gennemskinnelige. Tilsæt de resterende ris, bouillon og salt.
c) Rør det godt sammen og bring det i kog. Sænk varmen til lav og dæk gryden med et tætsluttende låg.
d) Lad det simre 15 til 20 minutter, eller indtil al væsken er absorberet. Lad stå 5 minutter før servering.

52. Stegte auberginer med hvidløgsdressing [Bittingan Ma'li bil Toum]

INGREDIENSER:
- 3 lange, slanke japanske auberginer
- Salt
- 3 kopper uddrivningspresset majsolie
- 10 fed hvidløg, hakket
- ¼ kop destilleret hvid eddike
- 1 spsk stødt koriander
- 1 spsk frisk persille, hakket

INSTRUKTIONER:
a) Skær toppen af auberginerne af, skær dem i halve på langs og derefter i halve i bredden. Læg dem i et dørslag, drys med salt og lad dem stå i en time. Skyl dem af og tør godt.
b) I en stor stegepande eller frituregryde, opvarm olie over medium-høj varme, indtil den når cirka 325 grader F. Placer auberginer i olie og steg 3 til 5 minutter per side eller indtil gyldne. Fjern med en hulske og læg på en tallerken beklædt med køkkenrulle til afdrypning.
c) Læg i mellemtiden hvidløg, hvid eddike og koriander i en lille gryde ved middel varme. Bring i kog og kog indtil næsten al væsken er fordampet.
d) Overfør aubergine til et serveringsfad. Hæld hvidløgsdressing over toppen og drys med frisk persille. Smag til og juster salt efter behov.
e) Server straks.

53.Stuvet okra og tomater [Bamya Matbukh]

INGREDIENSER:
- 2 teskefulde klaret smør[ghee] eller uddrivningspresset majsolie
- 1 mellemstor gult løg, finthakket
- 3 kopper frisk eller frossen okra
- 2 kopper grøntsags-, kyllinge- eller kødfond
- ½ kop hakkede tomater
- 1 tsk tørret vild timian, zataar,3 eller tørret oregano
- Salt
- Friskkværnet sort peber

INSTRUKTIONER:
a) Smelt det klarede smør i en medium gryde ved middel varme.
b) Tilsæt løg, rør rundt og svits indtil det er gennemsigtigt. Tilsæt okra og rør for at kombinere. Tilsæt bouillon, tomater, vild timian og salt og peber efter smag.
c) Bring blandingen i kog over høj varme og reducer derefter varmen til lav.
d) Rør rundt, læg låg på og lad det simre i 20 minutter, eller indtil okraen er mør.
e) Smag til og juster eventuelt krydderier. Serveres varm.

SALATER

54. Citrus grønne bønnesalat [Fasoula bi Limoon]

INGREDIENSER:

- 1 pund grønne bønner, enderne trimmet
- 2 spsk olivenolie
- Saft og revet skal af 1 citron
- 1 spsk finthakket frisk persille
- 1 spsk finthakket frisk mynte
- 1 spsk finthakket frisk oregano eller timian
- Salt
- Friskkværnet sort peber

INSTRUKTIONER:

a) Læg grønne bønner med vand til dækning i en stor gryde over medium varme. Bring det i kog, reducer varmen til lav, og lad det simre uden låg, indtil det er mørt, cirka 15 minutter.

b) Fjern fra varmen, afdryp og læg i en stor skål fuld af isvand. Lad stå i 5 minutter.

c) Kom olivenolie, revet citronskal, citronsaft, persille, mynte, oregano eller timian og lidt salt og peber efter smag i en lille skål. Pisk godt sammen.

d) Dræn grønne bønner og vend med dressing. Hæld på et serveringsfad.

55. Kikærte-, tomat- og tahini-salat [Salata Hommus bil Tomatum wa Tahina]

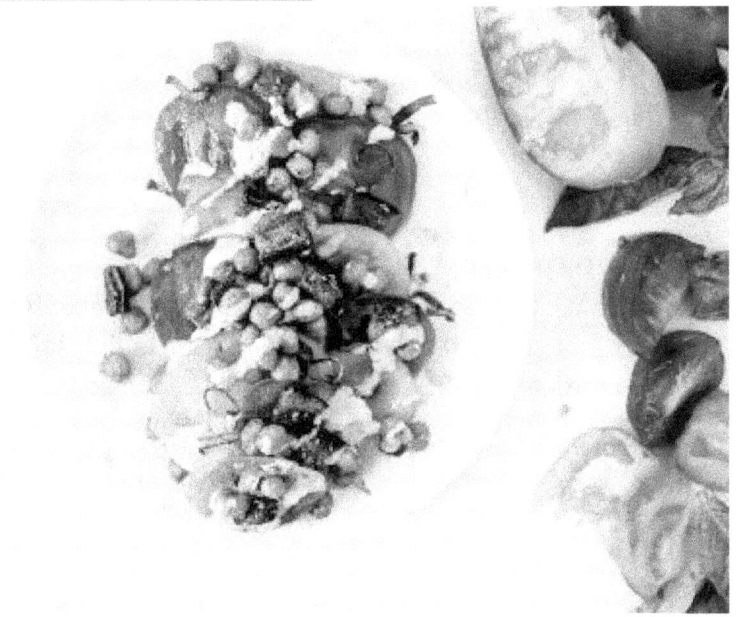

INGREDIENSER:
- 2 kopper dåse kikærter, skyllet og drænet
- 1 kop cherry- eller vindruetomater
- ¼ kop frisk persille, finthakket
- Saft af 1 citron
- 2 spsk tahini
- ¼ tsk salt
- Friskkværnet sort peber efter smag

INSTRUKTIONER:
a) Kom kikærter, tomater og persille på et mellemstort serveringsfad.
b) Hæld citronsaft i en lille skål, tilsæt tahini, salt og peber, og pisk kraftigt, tilsæt et par spiseskefulde vand ad gangen for at skabe en glat,
c) cremet dressing. Hæld dressingen over salaten og bland det godt sammen. Server ved stuetemperatur.

56. Hyrdesalat [Salata bil Gebnit al Ma'iz]

INGREDIENSER:
- 1 bundt salat, rucola eller diverse krydderurter
- 4 ounce frisk gedeost, smuldret
- ½ kop revne gulerødder
- 2 små [ca. 5 tommer lange] agurker eller ½ af 1 stor agurk i tern
- Håndfuld dadler, udstenet og skåret i halve
- ½ kop frosne majs, optøet salt
- Friskkværnet sort peber
- 4 teskefulde ekstra jomfru olivenolie
- Saft af 1 citron

INSTRUKTIONER:
a) Læg salat, rucola eller diverse krydderurter på et stort serveringsfad.
b) Top med gedeost, gulerødder, agurk, dadler og majs.
c) Drys et nip salt og peber på toppen af salaten.
d) Lav dressingen ved at piske olivenolie med citronsaft i en lille skål.
e) Dryp over salaten og server.

57.Rucolasalat [Salata bil Gargeer]

INGREDIENSER:
- 3 bundter frisk rucola
- Saft af 3 citroner
- ¼ kop ekstra jomfru olivenolie
- Salt
- Friskkværnet sort peber

INSTRUKTIONER:
a) Vask rucola godt ved at lægge den i en stor skål med vand og lad den trække i et par minutter. Dræn rucolaen, skyl skålen med vand og læg den i blød igen.
b) Fortsæt med at dræne og iblødsætte, indtil vandet forbliver klart. Dette kan tage mere end 10 separate iblødsætninger, fordi rucola har tendens til at samle sand og snavs.
c) Tør rucolaen grundigt og læg den på en tallerken. Pisk citronsaft og olivenolie i en mellemstor skål for at opnå en let dressing.
d) Smag dressingen til med salt og peber og hæld rucolaen over.

58. Auberginesalat med granatæblemelasse [Salata Ruman bil Dabs Ruman]

INGREDIENSER:
- 2 japanske auberginer [ca. 8 tommer lange gange 2 tommer på tværs]
- Salt
- 2 store, modne tomater
- 2 spsk olivenolie
- 1 lille gult løg, hakket
- 2 fed hvidløg, hakket
- 2 spsk friske mynteblade, finthakket
- 2 spsk frisk persille, finthakket
- 1 spsk sukker
- 1 spsk destilleret hvid eddike
- 3 spsk granatæble melasse
- Friskkværnet sort peber

INSTRUKTIONER:

a) Skær top og bund af auberginerne af, del dem i halve på langs og læg dem i et dørslag i vasken. Drys dem med salt og lad dem sidde i 1 time. Skyl saltet af og dup det tørt. Skær auberginerne i tern og stil dem til side.

b) Fyld en gryde til trekvart med vand og bring det i kog ved høj varme. Tilsæt tomaterne og kog i 1 til 2 minutter, indtil deres skind deler sig. Dræn tomaterne og kom dem i en skål med koldt vand. Når det er køligt nok til at kunne håndteres, skrælles tomaternes skind med hænderne og skær dem derefter i tern.

c) Varm olivenolie op i en stor stegepande ved middel varme. Tilsæt løg og hvidløg og svits indtil løget er gennemsigtigt. Tilsæt aubergine, tomater, mynte, persille, sukker og eddike. Rør rundt, reducer varmen til medium-lav, og lad det simre i 20 minutter. Rør granatæblemelasse i og kog i yderligere to minutter, eller indtil auberginen er mør.

d) Smag til og tilsæt salt og peber efter behov.

59. Salat med druer og stegte fetakugler [Salata bil Aghnib wa Gebna Makleyah]

INGREDIENSER:
- 1 hoved romainesalat
- 1 kop røde druer uden kerner
- ¼ kop ekstra jomfru olivenolie Saft af 1 citron
- 1 tsk appelsinblomstvand
- Salt efter smag
- Friskkværnet sort peber efter smag
- 1 kop fetaost, godt drænet og smuldret
- ¼ kop plus 1 spiseskefuld universalmel
- 1 stort æg
- 2 kopper vegetabilsk eller rapsolie til stegning

INSTRUKTIONER:
a) Skær salaten i mundrette stykker og læg den i en stor skål eller på et serveringsfad. Smid druer i og stil til side.
b) Lav dressing ved at hælde olivenolie i en lille skål. Pisk citronsaft og appelsinblomstvand i og smag til med salt og peber.
c) I en anden lille skål kombineres fetaost, 1 spsk mel, æg og lidt peber. Mos sammen med en gaffel og bland derefter ingredienserne færdig med hænderne. For store bolde, brække 1-tommers stykker osteblanding af og rul til 12 bolde på størrelse med golfbolde; for at lave mindre kugler, brug en melonballer.
d) Hæld ¼ kop mel på en tallerken og rul ostekugler i mel til at dække. Ryst overskydende af og læg på et fad. Opvarm grøntsags- eller rapsolie i en stor, dyb gryde. Når olien er cirka 375 grader F, er den klar. Sænk forsigtigt kuglerne ned i olien uden at trænge dem sammen. Lad dem ikke røre hinanden. Vend kuglerne, når de nederste halvdele er brune, cirka 5 minutter. Hvis de ikke drejer let, vent et par sekunder mere. Hvis de vender let, er det et tegn på, at de er klar til at blive vendt. Steg de andre sider, indtil kuglerne er ensfarvede. Fjern fra olien med en hulske og afdryp på køkkenrulle.
e) Arranger fetakugler ovenpå salaten. Dryp dressingen over salaten og smag til med salt og friskkværnet sort peber. Serveres varm.

60. Blandet urte- og forårsløgsalat [Salata Khadra bil Bassal]

INGREDIENSER:
- 1 bundt frisk persille
- 1 bundt frisk koriander
- 1 bundt frisk mynte
- 2 bundter forårsløg
- Saft af 1 citron
- Saft af 1 lime
- ¼ kop ekstra jomfru olivenolie Knip salt
- Knip friskkværnet sort peber
- Knip stødt spidskommen

INSTRUKTIONER:
a) Trim stængler af persille, koriander og mynte; læg dem i en stor skål og dæk dem med vand.
b) Dræn og fortsæt med at nedsænke urtebladene i rent vand, indtil de er rene og ikke efterlader rester på bunden af skålen [dette kan tage op til syv gange]. Tør bladene og læg dem på et stort serveringsfad.
c) Skær enderne af forårsløg og læg dem oven på urtebedet.
d) Bland citron og limesaft i en lille skål. Pisk olivenolie i til en jævn dressing. Tilsæt salt, peber og spidskommen til dressingen, bland godt for at kombinere.
e) Hæld salaten over og server.

SUPPE

61. Pureret Zucchinisuppe [Shorbat Koosa]

INGREDIENSER:
- 2¼ pund zucchini, enderne fjernes og hakkes
- 2 kopper oksekød, kylling eller grøntsagsfond
- 1 kop sødmælk
- Salt efter smag
- Friskkværnet sort peber efter smag

INSTRUKTIONER:
a) Kom zucchini, bouillon og mælk i en stor gryde og bring det i kog ved høj varme.
b) Reducer varmen til medium-lav og lad det simre under låg, indtil zucchinien er mør, cirka 5 minutter.
c) Fjern fra varmen og purér blandingen med en stavblender; eller hæld det i en blender, dæk til, fjern midtertuden fra midten af låget, og hold et køkkenrulle over hullet. Purér suppen, indtil den er glat.
d) Kom suppen tilbage i gryden, og smag til med salt og friskkværnet peber.
e) Kog over medium varme i 3 til 5 minutter, eller indtil suppen er gennemvarmet. Serveres varm.

62. Jødens malvesuppe [Shorbat Maloukhiya]

INGREDIENSER:
- 4 kopper hønsefond
- 1 [14 ounce] pakke frossen maloukhiya
- Salt
- Friskkværnet sort peber
- 1 spsk klaret smør[ghee]
- 6 fed hvidløg, hakket
- 1 tsk stødt koriander

INSTRUKTIONER:
a) Bring hønsefond i kog i en mellemstor gryde.
b) Tilsæt frossen maloukhiya og lidt salt og peber efter smag. Bring i kog igen, reducer varmen til lav, og lad det simre i 5 minutter.
c) Smelt klaret smør i en lille gryde ved middel varme.
d) Tilsæt hvidløg og koriander og steg uden låg, indtil hvidløg begynder at få farve.
e) Rør hvidløgsblandingen i suppen, smag til og juster evt. salt og peber. Serveres varm.

63. Kikærtesuppe med Zataar-croutoner [Shurba bil Hommus]

INGREDIENSER:
SUPPE:
- 1 kop tørrede kikærter, udblødt natten over, eller dåse kikærter, skyllet og drænet godt
- 1 mellemstor gult løg, skåret i tynde skiver
- Saft af 1 citron
- 1 tsk stødt spidskommen
- Salt efter smag
- Friskkværnet sort peber efter smag

CROUTONS:
- 1 [6-tommer] pitabrød, skåret i 1-tommers firkanter
- 2 spsk olivenolie
- 1 tsk zataar eller tørret timian

INSTRUKTIONER:
a) Læg kikærter i en stor gryde eller gryde med 6 kopper vand og løgskiver.
b) Læg låg på panden og lad det simre ved middel-lav varme, indtil kikærter er møre, cirka 5 minutter for dåse eller 1 time for tørrede kikærter.
c) Tag af varmen og hæld blandingen forsigtigt i en blender. Tilsæt citronsaft, spidskommen og lidt salt og peber. Blend godt, indtil der er dannet en puré.
d) Kom blandingen tilbage i gryden. Smag til og juster salt evt. Hvis suppen er for tyk, rør et par spiseskefulde vand i. Lad det simre ved svag varme indtil servering.
e) For at lave croutoner: Forvarm ovnen på stege. Læg brødet på en bageplade. Pensl brødstykkerne med olivenolie og drys med zataar eller timian. Placer under slagtekyllinger og rist, indtil de er let gyldne på hver side, cirka 2 minutter på hver side. Tag ud af ovnen og del brødet jævnt i suppeskåle.
f) Hæld suppen over croutonerne og server.

64. Lammebouillon og Orzosuppe [Shorba bi Lissan al Asfoor]

INGREDIENSER:
- 2 sorte peberkorn
- 1 kanelstang
- 2 stykker lammekød med ben påsat
- 1 løg, groft hakket
- 1 gulerod, groft hakket
- 1 stang selleri, groft hakket
- 2 spsk salt eller efter smag
- 2 kopper orzo
- Saft af 1 citron
- Håndfuld frisk persille, finthakket

INSTRUKTIONER:
a) Sådan laver du lammefonden: Fyld en 8 liter gryde tre fjerdedele af vejen fuld med vand.
b) Tilsæt pebernødder, kanelstang, lammekød, løg, gulerod og selleri i gryden. Tilsæt salt, rør rundt og bring det i kog ved høj varme. Skum afskum af toppen med en hulske, mens det dannes.
c) Når vandet koger, reducer du varmen til lav, dæk til og lad det simre i 2 til 3 timer. Si bouillon over i en anden gryde og kassér krydderier og grøntsager. Pil kødet af benet og skær det i små stykker.
d) Tilføj til bestanden. [På dette tidspunkt kan lageret opbevares i køleskab i op til en uge eller fryses i op til en måned.]
e) Forvarm ovnen til 350 grader F. Placer orzo på en bageplade og rist i ovnen, omrør 2 eller 3 gange, indtil orzo er gyldenbrun. Tag ud af ovnen og sæt til side.
f) Bring bouillonen i kog igen ved høj varme. Smag til og tilsæt mere salt om nødvendigt. Hæld den ristede orzo i, bring det i kog, og reducer derefter varmen til lav. Kog suppen i cirka 10 minutter, under omrøring af og til, indtil orzo er mør, men ikke alt for blød. Tag af varmen, rør citronsaft i, smag til og juster evt. salt og peber.
g) Overfør til en suppeterrin eller individuelle suppeskåle, top med persille og server varm.

65. Vermicelli, kød og tomatsuppe [Shorbat bil Sharleya, Lahma, wa Tomatum]

INGREDIENSER:
- 2 mellemstore tomater
- 1 spsk usaltet smør
- 1 medium gult løg, skåret i tern
- 1 mellemstor gulerod, skåret i tern
- 1 bladselleri, skåret i tern
- 1 pund hakket oksekød
- ½ tsk stødt allehånde
- ½ tsk stødt spidskommen
- ½ tsk stødt muskatnød Salt efter smag
- Friskkværnet sort peber efter smag
- 4 kopper okse- eller hønsefond
- 1 kop vermicelli
- Saft af 1 lime

INSTRUKTIONER:

a) Fyld en stor gryde til trekvart fuld med vand og bring det i kog. Tilsæt tomater og kog i 1 til 2 minutter, eller indtil skindet begynder at revne.

b) Dræn tomaterne og sænk dem i en skål med iskoldt vand. Når tomaterne er kølige nok til at kunne håndteres, skal du skrælle skindet, skære dem i to, fjerne kernerne og skære dem i tern.

c) Smelt smør i en stor gryde ved middel varme. Tilsæt løg, gulerod og selleri. Sauter i 5 til 7 minutter, eller indtil løgene er gennemsigtige.

d) Tilsæt oksekød og brun, rør af og til og del kødet i små stykker. Rør allehånde, spidskommen, muskatnød og lidt salt og friskkværnet peber i efter smag.

e) Tilsæt tomater, bouillon og 4 dl vand. Øg varmen til høj og bring det i kog, og skum af skum, som det kommer til syne i toppen af suppen. Reducer varmen til lav, læg låg på og lad det simre i 20 minutter.

f) Tag låget af, rør rundt og tilsæt vermicelli. Lad det simre uden låg, indtil vermicelli er mørt. Smag til og juster evt. salt og peber. Pres limesaft ud i suppen og rør rundt. Serveres varm.

DESSERT

66. Date Dome Cookies [Ma'moul]

INGREDIENSER:
DATO FYLDNING:
- ½ pund tørrede dadler, udstenede
- 2 spsk smør
- 1 tsk appelsinblomstvand

SMÅKAGEDEJ:
- 1 kop usaltet smør, ved stuetemperatur
- 1½ dl sukker
- 2 tsk frisk appelsin- eller citronsaft
- 1 tsk appelsinblomstvand
- 1 stort æg
- ½ tsk malede kirsebærkerner [mahlab] [valgfrit]
- 3 kopper ubleget, universalmel
- 1 kop fin semulje
- ½ tsk salt Konditorsukker til drys

INSTRUKTIONER:
a) Forvarm ovnen til 350 grader F. Placer stativer i midten af ovnen. For to dobbelte luftcelle- eller stenkageark med silikoneforinger eller pergamentpapir.
b) Forbered dadelfyld: Kom dadler, smør og appelsinblomstvand i en foodprocessor. Puls til og fra, indtil fyldet har en pastaagtig konsistens. Sæt til side.
c) Tilbered dejen: Kombiner smør og sukker i en stor skål og fløde, indtil den er lysegul i farven, cirka 3 til 5 minutter. Tilsæt appelsin- eller citronsaft og appelsinblomstvand; bland godt og tilsæt derefter æg og bland godt igen. Tilsæt kirsebærkernerne, hvis de bruges, og rør for at inkorporere dem.
d) Bland mel, semulje og salt i en separat stor skål. Tilsæt langsomt melblandingen til smørblandingen. Bland indtil en glat dej og form den derefter til en kugle.
e) Sådan samles ma'moulen: Bestem hvilken størrelse form du bruger. For en stor form, brække dejen af i 2-tommer stykker. For en lille form, brække dejen af i 1½-tommers stykker. Rul dejen til kugler mellem håndfladerne.

f) Flad hver kugle og læg 1 tsk dadelblanding i midten af hver cirkel. Stræk dejen til at dække fyldet og rul til kugler. Læg en af dejkuglerne i en kageform. Skub den ind i formen, indtil den er i niveau med formen og fylder hele rummet. Hold stiften af formen og bank dens hals med kagen vendt væk fra dig på en hård overflade for at fjerne formen af kagedejen.

g) Placer cookie-designsiden opad på kagepladen. Gentag med den resterende dej. Cookies kan placeres ½ tomme fra hinanden, da de ikke spredes.

h) Bag cirka 20 minutter og lad ikke toppen af småkagerne blive brune. Tag ud af ovnen og top med sigtet konditorsukker.

i) Lad cookies køle af på bageplader på rist.

67. Date Haroset [Agwa]

INGREDIENSER:
- 1 pund dadler, udstenede
- 3 spsk dadel- eller figenmarmelade

INSTRUKTIONER:
a) Læg dadlerne i en stor skål og dæk dem med kogende vand. Lad stå til det er meget blødt, minimum 2 timer eller natten over.
b) Dræn dadlerne og kom dem i en foodprocessor med figen- eller dadelmarmeladen.
c) Puls til og fra, indtil pastaen er glat og mørk. Hvis pastaen virker for tyk, tilsæt et par spiseskefulde vand, en ad gangen, for at tynde ud.

68.Egyptisk pund kage [Torta]

INGREDIENSER:
- 1 kop usaltet smør, ved stuetemperatur
- 1 kop sukker
- Revet skal af 1 appelsin
- 1 tsk vaniljeekstrakt
- 4 store æg, pisket til skum
- ½ kop almindelig fuldfed græsk yoghurt
- 1¾ kopper ubleget, universalmel
- 2 tsk bagepulver

INSTRUKTIONER:
a) Forvarm ovnen til 350 grader F. Placer stativet i midten af ovnen.
b) Smør og mel en 10-tommers brødform.
c) Kombiner smør, sukker, appelsinskal og vanilje i en stor skål og pisk, indtil alt er inkorporeret og lyst. Tilsæt æggene til smørblandingen i 4 dele, pisk godt efter hver tilsætning. Rør yoghurten i.
d) Sigt mel og bagepulver i blandingen. Rør godt for at inkorporere og hæld dejen i den forberedte gryde. Bages i 40 til 45 minutter, eller indtil en tandstik indsat i midten kommer ren ud. Tag kagen ud af ovnen og lad den køle helt af.
e) Vend kagen ud af formen. Hvis kagen ikke kommer let ud, skal du forsigtigt køre en smørkniv rundt om alle kanterne og løfte forsigtigt for at hjælpe den med at komme ud.
f) Skær i 1 tomme tykke skiver og server.

69. Traditionelle Eid-kager [Kahk a L'Eid]

INGREDIENSER:
- 5 kopper ubleget, universalmel
- 1 spsk sesamfrø
- 1 kop klaret smør [ghee]
- 1 kop mælk
- ¼ tsk salt
- ½ spsk aktiv tørgær
- 1½ spsk bagepulver
- ½ tsk rosenvand21
- ½ tsk mandelekstrakt
- ½ tsk stødt kanel
- ½ tsk stødt nelliker
- ½ tsk malet ingefær
- ½ kop konditorsukker, til pynt

INSTRUKTIONER:

a) Forvarm ovnen til 350 grader F. Beklæd 2 bageplader med bagepapir eller silikoneforinger. Hæld mel i en stor skål og lav en brønd i midten. Drys sesamfrø i brønden. Varm det klarede smør op i en lille gryde ved middel varme, indtil det begynder at koge. Fjern fra varmen, og brug en træske forsigtigt i melet. Rør indtil ingredienserne er blandet godt og melblandingen bliver kølig.

b) Bland mælk, salt, gær, bagepulver, rosenvand, mandelekstrakt, kanel, nelliker og ingefær i en separat skål. Tilsæt mælkeblandingen til dejen ¼ kop ad gangen, bland godt for at inkorporere efter hver tilsætning. Når al mælkeblandingen er inkorporeret, form dejen til en kugle og vend den ud på en let meldrysset overflade og ælt i 5 til 10 minutter.

c) Bræk små stykker dej af og rul til 2-tommer kugler. Placer kugler 1-tommer fra hinanden på bageplader. Flad toppen lidt ud, og brug en ma'alit eller gaffel til at lave 3 eller 4 linjer med buler ned ad toppen af småkagerne. Bag begge kageplader side om side i 14 til 18 minutter, eller indtil de er lyse gyldne. Tag dem ud af ovnen og overfør forsigtigt cookies til rist for at køle af. Fortsæt med den resterende dej. Drys småkager med konditorsukker.

70. Aswan Date Cookies [Biskoweet bil Agwa min Aswan]

INGREDIENSER:
SMÅKAGEDEJ:
- 2 stænger [1 kop] usaltet smør, stuetemperatur [reserveindpakning til smøring af bageplader]
- ½ kop sukker
- 1 stort helt æg
- 2 store æggeblommer
- 1 tsk ren vaniljeekstrakt
- 1 kop semulje
- 1½ kopper ubleget universalmel
- Knivspids salt

DATO FYLDNING:
- 2½ pund dadler, udstenede
- 1 tsk stødt kanel
- 2 spsk usaltet smør, stuetemperatur

TOPPING:
- 1 æggeblomme blandet med en teskefuld vand
- ¼ kop sesamfrø [valgfrit]

INSTRUKTIONER:
a) I skålen med en elektrisk mixer udstyret med en pagajtilbehør, flød smørret og sukkeret; tilsæt det hele æg, æggeblommer og vanilje og bland godt. Mens røremaskinen kører på lav hastighed, hæld langsomt semulje, mel og salt i. Fortsæt med at blande, indtil dejen er samlet. Pak dejen ind i plastfolie og stil på køl i 1 time.
b) Smør to bageplader og forvarm ovnen til 375 grader F. Lav fyldet ved at kombinere dadler, kanel og smør i en foodprocessor. Puls til og fra, indtil der dannes en pasta. Hvis blandingen virker for tyk, tilsæt et par spiseskefulde vand for at opnå en jævn pasta.
c) Når dejen er færdigkølet, skal du bruge en kagerulle til at rulle den ud til et 10x15-tommers rektangel på en let meldrysset arbejdsflade. Lav 4 lige store lodrette linjer ned ad rektanglet.
d) Lav 3 vandrette linjer på tværs af rektanglet og lav 12 lige store stykker.
e) Fyld midten af hvert stykke med 1 dynger spiseskefuld af dadelblandingen. Brug en bænkskraber/dejskærer, løft kanterne

af dejfirkanterne rundt om toppen af fyldet og rul over til dækning. Forsegl kanterne, så enderne er blottede. Når de alle er blevet fyldt, skæres hver enkelt i to og placeres 1-tommer fra hinanden på bageplader.

f) Pensl toppen af småkagerne med ægvask og drys med sesamfrø.
g) Bages i 25 til 30 minutter, indtil de er gyldenbrune. Lad afkøle på bagepladerne. Opbevar kagerne i en lufttæt beholder ved stuetemperatur i op til 2 dage.

71.Honningfyldte Eid Cookies [Kahk bil Agameya]

INGREDIENSER:
FYLDNING:
- 4 spiseskefulde klaret smør[ghee]
- 4 spiseskefulde ubleget, universalmel
- 1 kop appelsinblomsthonning
- 4 spsk hakkede valnødder eller dadler, hvis det ønskes

DEJ:
- 1 tsk sukker
- 2 tsk aktiv tørgær
- 7 kopper ubleget, universalmel, sigtet med 1 tsk salt
- 1 tsk stødt kanel
- 1 tsk stødt nelliker
- 1 tsk malet ingefær
- 2 kopper klaret smør [ghee]
- 1 kop konditorsukker, til topping

INSTRUKTIONER:

a) For at lave FYLDET: Smelt klaret smør i en stor gryde ved middel varme. Tilsæt melet og rør rundt med en træske, indtil blandingen skifter farve. Fjern fra varmen og rør honning i, bland godt for at inkorporere. Sæt gryden tilbage på varmen og fortsæt med at røre, indtil blandingen er tyknet, cirka 10 til 20 minutter.

b) Fjern fra varmen, rør nødder eller dadler i, hvis det ønskes, og lad det køle helt af. Når blandingen er afkølet, brækkes meget små stykker af fyldet af og rulles til kugler på størrelse med ærter. Placer på et ark vokspapir eller plastfolie, indtil du er klar til at fylde kagerne.

c) For at lave dejen: I en lille skål opløs sukkeret i ¼ kop varmt vand. Tilsæt gæren og rør rundt. Lad blandingen sidde i 10 minutter. Bland melet med salt, kanel, nelliker og ingefær i en stor røreskål og lav en brønd i midten. Bring det klarede smør i kog i en medium gryde ved middel varme.

d) Hæld i den midterste brønd af melblandingen og rør for at inkorporere ingredienserne , rør indtil blandingen er afkølet. Når dejen er helt afkølet, røres gærblandingen i.

e) Beklæd 2 kageplader med bagepapir eller silikoneindlæg. Støv en ren arbejdsflade med ekstra mel. Vend dejen ud på arbejdsfladen og ælt i 10 minutter, indtil dejen er blød og glat. Bræk 1-tommers stykker af dejen og form til æggeformer.
f) Lav et hul i midten af hver og sæt en kugle af fyldet i. Dæk hullet til og form kagerne til kugler.
g) Placer cookies 1 tomme fra hinanden på de forberedte cookie ark. Lav 3 eller 4 rækker linjer hen over toppen af kagerne med en gaffel eller en ma'alit. Dæk småkagerne med et køkkenrulle og lad dem hvile i 1 time.
h) Forvarm ovnen til 375 grader F. Bag cookies i 20 minutter, eller indtil de er sat. Fjern fra ovnen. Sigt konditorsukker på toppen og lad det køle af på panderne.

72. Faraos Foie Gras [Kibdet Firakh]

INGREDIENSER:
- 2 kopper [4 stænger] usaltet smør, ved stuetemperatur, plus ekstra til smørret
- 2 pund kyllingelever, trimmet
- 1 mellemstor løg, skåret i tynde skiver
- 5 fed hvidløg, hakket
- 2 dl hønsefond
- Saft af 1 citron
- 1 tsk salt, eller efter smag

PYNT
- ⅓ kop friske hele korianderblade
- ⅓ kop friske hele mynteblade
- ⅓ kop friske hele persilleblade
- ¼ kop valnøddehalvdele
- 1 pint friske figner, skåret i halve, hvis det ønskes

INSTRUKTIONER:

a) Smør en 4-kopps souffléfad eller brødform. Beklæd fadet med plastfolie og smør plastfolien. Kom kyllingelever, løg, hvidløg og bouillon i en mellemstor gryde og bring det i kog ved høj varme. Reducer varmen til lav, læg låg på og lad det simre, indtil leverne er gennemstegte, cirka 10 minutter.

b) Dræn kogevæsken og overfør lever, løg og hvidløg til en foodprocessor. Tilsæt smør, citronsaft og salt, og kør indtil glat og alle ingredienser er jævnt fordelt og smør er helt indarbejdet. Overfør til den tilberedte skål eller gryde, dæk til og stil den på køl natten over eller indtil den er fast [mindst 4 timer].

c) Til servering: Afdæk fadet eller panden og kør en kniv rundt om kanterne af patéen for at løsne den. Læg et serveringsfad ovenpå souffléfadet og vend på hovedet. Fjern forsigtigt plastfolien. Arranger koriander, mynte og persille rundt om kanterne af fadet. Pynt toppen af patéen med valnødder og anret friske figner oven på og omkring patéen. Serveres koldt.

73. Kirsebærtoppede semulekager [Biskoweet bil Smeed wa Kareez]

INGREDIENSER:
- ½ kop semulje
- ½ kop malede mandler
- ½ kop sukker
- ¼ tsk stødt kanel
- 1 æggehvide
- 10 maraschinokirsebær, halveret
- 2 spsk abrikosmarmelade

INSTRUKTIONER:

a) Beklæd 2 kageplader med bagepapir eller silikoneindlæg. Bland semulje, mandler, sukker og kanel i en skål. I en separat skål piskes æggehviden, indtil der dannes stive toppe; fold i melblandingen. Rul dejen til 1-tommers kugler og læg mindst 1 tomme fra hinanden på bageplader.

b) Læg halvdelen af et kirsebær ovenpå hver småkage og tryk let ned. Stil på køl i 1 time til afkøling.

c) Forvarm ovnen til 475 grader F. Bag cookies i midten af ovnen, indtil de er let gyldne, 8 til 10 minutter. Kom marmeladen i en lille gryde med en spiseskefuld vand og kog over medium varme, indtil den er smeltet.

d) Si gennem en sigte og pensl på varme småkager.

e) Lad afkøle på pander; server ved stuetemperatur.

74. Cremet appelsinbudding [Mahallabayat Bortu'an]

INGREDIENSER:
- 3 kopper friskpresset appelsinjuice [ca. 15 til 20 appelsiner]
- 3 spsk rismel
- 3 spsk majsstivelse, opløst i ¼ kop vand
- ¾ kop sukker eller efter smag
- Revet skal af 1 appelsin

INSTRUKTIONER:
a) Kom appelsinjuice, rismel, majsstivelsesblanding, sukker og appelsinskal i en stor gryde og rør rundt.
b) Bring i kog ved middel varme og kog i to minutter under konstant omrøring med en træske.
c) Reducer varmen til lav, og lad simre under jævnlig omrøring, indtil budding er halvdelen af dets oprindelige volumen, mellem 10 og 20 minutter.
d) Når buddingen er tyknet, lad den køle helt af og overfør den derefter til en stor, klar serveringsskål eller individuelle buddingfade.

75. Semuljekage med honningsirup [Basboosa]

INGREDIENSER:
SIRUP:
- 1 citron
- 1 kop sukker
- 2 tsk honning

SEMULEKAGE:
- Usaltet smør, til smøring af pande
- 1½ kop semulje
- ½ kop ubleget universalmel
- ½ kop sukker
- 1 tsk bagepulver
- ¾ kop [1½ pinde] usaltet smør, ved stuetemperatur
- ½ kop almindelig, fuldfed yoghurt
- Håndfuld blancherede mandler til pynt

INSTRUKTIONER:

a) Til siruppen: Skræl 2 til 3 strimler citronskal af citronen og læg dem i en mellemstor gryde. Juft citronen og hæld i samme gryde. Tilsæt sukker og 1 dl vand og rør rundt.

b) Bring forsigtigt i kog ved middel varme, og rør af og til. Stop med at røre, når blandingen begynder at koge, og lad blandingen simre i et par minutter. Tag siruppen af varmen, tilsæt honning og rør rundt. Lad det køle lidt af og kassér derefter citronskal. Stil til side til at køle helt af, mens du laver kagen.

c) Forvarm ovnen til 350 grader F. Smør en 11x17-tommer bradepande med noget usaltet smør. Bland semulje, mel, sukker og bagepulver sammen i en stor skål. Tilsæt smør, blend godt, og rør derefter yoghurten i. Fordel blandingen i den forberedte gryde.

d) Tryk jævnt ned med våde hænder, og sørg for, at overfladen er glat og plan. Placer mandler ovenpå cirka 2 inches fra hinanden, hvilket gør 6 rækker af 4 jævnt fordelte mandler. Bages i 30 til 40 minutter, eller indtil de er gyldne.

e) Tag kagen ud af ovnen og skær ca. halvvejs gennem kagens tykkelse i 2x2-tommer firkanter eller diamanter [med en mandel i midten af hver], pas på ikke at skære helt ned til bunden af formen [dette ville få siruppen til straks at synke til bunds, når den hældes ovenpå].

f) Hæld sirup jævnt over den varme kage og lad kagen trække et stykke tid, indtil den er afkølet og siruppen er absorberet.

76.Abrikospudding [Mahallibayat Amr al Din]

INGREDIENSER:
- 1 pund tørrede abrikoser, skåret i små stykker
- 1 kop sukker
- 4 spsk kartoffelstivelse opløst i ¼ kop koldt vand
- Håndfuld blancherede mandler eller andre nødder til pynt
- Håndfuld rosiner, til pynt

INSTRUKTIONER:

a) Læg abrikosstykker i en stor skål og dæk dem med 4 kopper kogende vand. Lad stå ved stuetemperatur natten over eller indtil abrikosstykkerne suger det meste af vandet.

b) Tilsæt sukker til abrikoserne og rør rundt. Purér blandingen i en blender.

c) Hæld abrikospuréen i en mellemstor gryde. Tilsæt kartoffelstivelsesblandingen og rør godt sammen med en træske. Øg varmen til høj og kog blandingen i 2 minutter under konstant omrøring.

d) Reducer varmen til medium-lav og fortsæt med at koge buddingen, mens du rører langsomt, indtil den tykner og trækker sig væk fra siderne af gryden.

e) Hæld budding i individuelle ramekins eller en stor dekorativ skål. Drys rosiner og nødder ovenpå i et mønster ved at lægge kagedåser ovenpå og fylde indersiden af formene med nødder eller rosiner.

f) Fjern småkageudstikkerne og stil buddingen på køl i cirka 2 timer eller indtil den er stivnet. Serveres koldt.

77.Roz Bel Laban [Risengrød]

INGREDIENSER:

- 1/2 kop kortkornet ris
- 4 kopper sødmælk
- 1/2 kop sukker
- 1 tsk vaniljeekstrakt
- Kværnet kanel til pynt

INSTRUKTIONER:

a) Skyl ris og kom dem sammen med mælk i en gryde. Kog ved svag varme, indtil risene er møre.
b) Tilsæt sukker og vanilje under omrøring, indtil blandingen tykner.
c) Hæld i serveringsskåle, afkøl og pynt med stødt kanel inden servering.

KRYDER

78.Meshaltet [klaret smør og honningspread]

INGREDIENSER:
- 1 kop klaret smør [ghee]
- 1/2 kop honning
- Brød til servering

INSTRUKTIONER:
a) I en gryde smeltes klaret smør ved svag varme.
b) Rør honning i, indtil det er godt blandet.
c) Server blandingen over varmt brød.

79. Dukkah [egyptisk nødde- og krydderiblanding]

INGREDIENSER:
- 1/2 kop hasselnødder
- 1/4 kop sesamfrø
- 2 spsk korianderfrø
- 2 spsk spidskommen frø
- 1 tsk sorte peberkorn
- Salt efter smag

INSTRUKTIONER:
a) Rist hasselnødder, sesamfrø, korianderfrø, spidskommen og sorte peberkorn på en pande, indtil de dufter.
b) Kværn de ristede ingredienser til en groft blanding.
c) Tilsæt salt efter smag. Brug som dip med brød, drys på salater eller som overtræk til kød.

80. Tahinisauce [Sesamfrøpastasauce]

INGREDIENSER:
- 1/2 kop tahini [sesamfrøpasta]
- 2 fed hvidløg, hakket
- 1/4 kop citronsaft
- Salt efter smag
- Vand [efter behov for ønsket konsistens]

INSTRUKTIONER:
a) Bland tahin, hakket hvidløg og citronsaft i en skål.
b) Tilsæt salt efter smag og juster konsistensen med vand.
c) Server som dip, salatdressing eller dryp over grillet kød.

81. Shatta [egyptisk varm sauce]

INGREDIENSER:
- 6-8 røde chilipeber, kerner fjernet
- 3 fed hvidløg
- 1 tsk stødt spidskommen
- Salt efter smag
- Olivenolie [valgfrit]

INSTRUKTIONER:
a) Blend rød chilipeber, hvidløg, spidskommen og salt til en jævn masse.
b) Juster salt og dryp med olivenolie, hvis det ønskes. Bruges som krydret krydderi til forskellige retter.

82. Bessara [Fava Bean Dip]

INGREDIENSER:
- 2 kopper kogte fava bønner
- 3 fed hvidløg, hakket
- 1/4 kop olivenolie
- Citronsaft efter smag
- Salt og spidskommen efter smag

INSTRUKTIONER:
a) Blend favabønner, hakket hvidløg, olivenolie, citronsaft, salt og spidskommen, indtil det er glat.
b) Juster krydderier og server som dip eller smørepålæg til brød.

83. Hvidløgssauce [Toum]

INGREDIENSER:
- 1 kop hvidløgsfed, pillede
- 2 kopper vegetabilsk olie
- 1 spsk citronsaft
- Salt efter smag

INSTRUKTIONER:
a) I en foodprocessor blendes hvidløg og en knivspids salt til det er finthakket.
b) Mens processoren kører, dryp langsomt vegetabilsk olie i, indtil blandingen bliver en tyk, cremet sauce.
c) Tilsæt citronsaft og salt efter smag. Bruges som dip eller smørepålæg.

84. Amba [syltet mangosauce]

INGREDIENSER:

- 1 kop grøn mango i tern
- 1/4 kop stødt bukkehorn
- 1 tsk stødt gurkemeje
- 1 tsk stødt spidskommen
- 1 tsk chilipulver
- Salt efter smag

INSTRUKTIONER:

a) Kombiner mango, bukkehorn, gurkemeje, spidskommen, chilipulver og salt i tern.
b) Bland godt og lad det sidde i en dag, så smagen smelter sammen. Server som en syrlig akkompagnement.

85. Sumac krydderiblanding

INGREDIENSER:
- 2 spsk stødt sumac
- 1 spsk stødt spidskommen
- 1 spsk stødt koriander
- 1 tsk salt

INSTRUKTIONER:
a) Bland stødt sumak, spidskommen, koriander og salt sammen.
b) Brug denne krydderiblanding til at drysse over salater, grillet kød eller som krydderi til forskellige retter.

86.Molokhia sauce

INGREDIENSER:
- 2 kopper friske molokhia blade
- 2 fed hvidløg, hakket
- 1 spsk olivenolie
- Citronsaft efter smag
- Salt og peber efter smag

INSTRUKTIONER:
a) Kog molokhiabladene, indtil de er møre, og blend dem derefter, indtil de er glatte.
b) Svits hakket hvidløg i olivenolie i en gryde, og tilsæt derefter molokhia-puréen.
c) Smag til med citronsaft, salt og peber.
d) Server som sauce over ris eller brød.

87. Za'atar krydderiblanding

INGREDIENSER:
- 2 spsk tørret timian
- 2 spsk stødt sumac
- 2 spsk sesamfrø
- 1 spsk tørret merian
- 1 tsk salt

INSTRUKTIONER:
a) Bland tørret timian, stødt sumac, sesamfrø, tørret merian og salt sammen.
b) Denne aromatiske blanding kan bruges som krydderi til brød, salater eller som en dip med olivenolie.

88.Besara [urte- og bønnedip]

INGREDIENSER:
- 2 kopper kogte fava bønner
- 1 kop frisk koriander, hakket
- 1 kop frisk persille, hakket
- 3 fed hvidløg, hakket
- 1/4 kop olivenolie
- Salt og spidskommen efter smag

INSTRUKTIONER:
a) Blend favabønner, koriander, persille, hvidløg og olivenolie til en jævn masse.
b) Smag til med salt og spidskommen.
c) Server som dip eller smørepålæg til brød.

89.Tarator [Sesam- og hvidløgssauce]

INGREDIENSER:
- 1/2 kop tahini [sesamfrøpasta]
- 2 fed hvidløg, hakket
- 1/4 kop citronsaft
- 2 spsk vand
- Salt efter smag

INSTRUKTIONER:
a) Pisk tahin, hakket hvidløg, citronsaft og vand sammen til en jævn masse.
b) Tilsæt salt efter smag. Brug som sauce til falafel, grillet kød eller som salatdressing.

90. Sesammelasse [Dibs og Tahini]

INGREDIENSER:
- 1/2 kop tahini [sesamfrøpasta]
- 1/4 kop granatæble melasse
- 1 spsk honning [valgfrit]

INSTRUKTIONER:
a) Bland tahin, granatæblemelasse og honning [hvis du bruger], indtil det er godt blandet.
b) Brug som en sød og syrlig dip eller dryp til desserter, frugter eller brød.

DRIKKE

91. Sort te med mynte [Shai bil Na'na]

INGREDIENSER:
- 4 teskefulde sorte, løse teblade af høj kvalitet
- 4 kopper kogende vand
- Sukker, hvis det ønskes
- 4 myntekviste

INSTRUKTIONER:
a) Læg teblade i kogende vand i en tekande. Dæk og stejl i 10 minutter for stærk te, eller 5 minutter for regelmæssig styrke.
b) Rør sukker i, hvis det ønskes.
c) Læg myntekviste i glas. Si teen og hæld mynten over i glas.

92. Tamarind juice [Assir Tamr Hindi]

INGREDIENSER:
- 2 kopper tamarind sirup
- 4 kopper koldt vand

INSTRUKTIONER:
a) Hæld tamarindsirup og vand i en kande.
b) Rør godt sammen og stil på køl indtil servering.

93. Kommen te [Karwaya]

INGREDIENSER:
- 4 tsk ristede kommenfrø
- Sukker efter smag

INSTRUKTIONER:
a) I en mellemstor gryde bringes 4 kopper vand og kommen i kog ved høj varme.
b) Kog i 2 minutter og sigt derefter i 4 tekopper.
c) Sød med sukker, hvis det ønskes.

94. Beduin te [Shai Bedawi]

INGREDIENSER:

- 4 teskefulde beduin-te [eller tørret timian eller tørret salvie]
- 4 teskefulde tørrede økologiske rosenknopper
- 1 kanelstang
- 4 teskefulde løs sort te [almindelig eller koffeinfri]
- Sukker, hvis det ønskes

INSTRUKTIONER:

a) Opvarm 4½ kopper vand, beduin-te, tørrede rosenknopper, kanelstang og løs sort te i en tekande eller gryde ved høj varme.

b) Når vandet koger, skru ned for varmen og lad det simre i 5 minutter.

c) Sluk for varmen, og lad teen trække tildækket i 5 minutter. Sigt i tekopper og sød med sukker, hvis det ønskes.

95. Egyptisk limonade [Assir Limoon]

INGREDIENSER:

- 2 modne citroner i kvarte
- 5 spsk sukker
- 5 spsk honning
- 1 tsk appelsinblomstvand
- 6 myntekviste, til pynt

INSTRUKTIONER:

a) Placer citroner og 6 kopper vand i en gryde; dæk til og bring det i kog.
b) Reducer varmen og lad det simre i 20 minutter. Si væsken i en kande og pres saften af citronerne gennem sien med en gaffel.
c) Tilsæt sukker, honning og appelsinblomstvand. Rør for at blande godt og lad derefter køle af. Stil limonade på køl til den er kold.
d) Før servering lægges limonade i en blender og piskes til det er skummende.
e) Serveres i afkølede glas pyntet med myntekviste.

96. Guava og kokoscocktail [Cocktail bil Gooafa, Manga, wa Jowz al Hind]

INGREDIENSER:

- 1 kop kold mango nektar
- 1 kop kold sødet kokosmælk, godt rørt
- 1 kop kold pink guava nektar

INSTRUKTIONER:

a) Stil fire klare glas i køleskabet og stil på køl i 15 minutter.
b) Hæld ¼ kop mango-nektar i hvert glas.
c) Hold en ske på hovedet over toppen af mango-nektaren og hæld ¼ kop sødet kokosmælk over toppen af den i hvert glas.
d) Hold en ske på hovedet over toppen af kokosmælken og hæld ¼ kop af den lyserøde guava-nektar over kokosmælken i hvert glas.
e) Server straks.

97.Hjemmelavet abrikosjuice[Assir Amr Din]

INGREDIENSER:
- 1 pund tørrede abrikoser, skåret i små stykker
- 1 kop sukker

INSTRUKTIONER:
a) Læg abrikoserne i en stor, varmefast skål og dæk dem med 6 kopper kogende vand.
b) Lad det trække, indtil abrikosstykkerne er opløst [dette kan tage alt fra et par timer til natten over, afhængig af abrikoserne].
c) Rør sukkeret i abrikoserne, indtil det er opløst. Purér blandingen i en blender.
d) Stil på køl til den er kold.

98.Varm kanel drik [Irfa]

INGREDIENSER:
- 4 kanelstænger
- 4 tsk sukker, eller efter smag
- 4 tsk blandede usaltede nødder, hakket

INSTRUKTIONER:
a) Kombiner kanelstænger med 4 kopper vand i en mellemstor gryde og bring det i kog.
b) Kog indtil kanelstængerne åbner sig og frigiver deres aroma, cirka 10 minutter.
c) Fjern kanelstænger fra væsken med en hulske og kassér dem.
d) Tilsæt sukker og rør godt. Hæld væske i tekopper og top hver servering med en teskefuld blandede nødder.

99. Lakridsdrik [Ir'sus]

INGREDIENSER:
- 3 spsk malet lakridsrod
- ⅛ kop honning eller sukker efter smag

INSTRUKTIONER:
a) Kom malet lakridsrod i en te-kugle-si, der bruges til løs te. Læg en si i en kande og fyld med ½ gallon koldt vand. Lad dette sidde i 1 time og fjern derefter tekuglen.
b) Si væsken gennem en fin sigte over i en anden kande og sød med honning eller sukker, hvis det ønskes. Dæk kanden til og ryst kraftigt eller hvirv i blender for at skabe en skummende top.
c) Server iskold.

100. Hibiscus Punch [Karkade]

INGREDIENSER:

- 1 kop tørrede hibiscusblade
- ½ kop sukker eller efter smag
- 1 tsk appelsinblomstvand

INSTRUKTIONER:

a) Fyld en stor gryde med en gallon vand. Tilsæt hibiscusblade og bring det i kog ved høj varme.
b) Lad koge 5 minutter; fjern fra varmen.
c) Si saften gennem et dørslag over i en kande. Tilsæt sukker og appelsinblomstvand og rør rundt.
d) Kassér blade eller brug dem som gødning i din have. Server punchen varm, stuetemperatur eller kold.

KONKLUSION

Mens vi afslutter vores kulinariske rejse gennem "DEN ULTIMATIV EGYPTISKE GADE MAD 2024", håber vi, at du har oplevet rigdommen og mangfoldigheden i Egyptens pulserende streetfood-scene i komforten af dit eget køkken. Hver opskrift på disse sider er en hyldest til de smage, aromaer og kulturelle påvirkninger, der gør egyptisk gademad til en sand kulinarisk fornøjelse.

Uanset om du har nydt koshari's hjertelige godhed, omfavnet ta'ameyas velsmagende knas eller forkælet dig med de søde noter af basbousa, stoler vi på, at disse 100 opskrifter har bragt en smag af Egyptens travle gader til dit bord. Ud over ingredienserne og teknikkerne, må ånden i det egyptiske gadekøkken inspirere dig til at tilføre dine måltider den varme, fællesskab og glædelige ånd, der definerer denne kulinariske tradition.

Mens du fortsætter med at udforske den enorme verden af egyptiske smagsvarianter, må "DEN ULTIMATIV EGYPTISKE GADE MAD 2024" være din betroede følgesvend, som guider dig gennem markederne, stræderne og det rige gobelin af smag, der gør egyptisk streetfood til en uforglemmelig oplevelse. Her er til at nyde Egyptens mangfoldige og lække smag - bon appetit!

www.ingramcontent.com/pod-product-compliance
Lightning Source LLC
Chambersburg PA
CBHW071324110526
44591CB00010B/1020